リスニング・トレーニング

英語を聞ける耳を作ろう

藤沼 千晴

はじめに

　今、あなたは書店でこの本をながめているのでしょうか。
　それなら是非まわりをぐるっと見てください。
　やれ英検だ、TOEICだと、もう本棚から飛び出してしまうくらいたくさんの本が並んでいますね。
　私は、それが悪いとは思いません。ちなみに、私はTOEIC推進派です。
　でも、ちょっとやりすぎな感じがしませんか。多すぎるわりに、それぞれの本の特徴がそれほど違わず、買うほうも闇雲に本を揃えることにつながってしまいます。
　資格試験の"お勉強"でなく、あなたがはじめて英語を聞き取れるようになった日々を思い出してください。
　学校の授業でしょうか。それともNHKのラジオ講座でしょうか。
　胸、躍りませんでしたか？
　無理なく英語が聞き取れる喜び。それが貴方の"等身大のリスニング力"です。
　それを、本書ではゆっくり底上げしながら、楽しく聞き取っていこうと思っています。
　最後は落語で笑ってしまいましょう。最高ですよ！英語で笑えるなんて！

　本書は、基礎を大事にします。ですから、プロの通訳者がやっている基本的なメソッドを織り交ぜて行っていきます。退屈？でも、聞き取れた時の喜びは格別ですよ！どうせなら、本物を学びましょうね。

　それでは出発進行！

著者

CONTENTS ● 英語を聞ける耳を作ろう

はじめに　3

第1章　精聴と多聴、どっちがいいの？　5
　第1節　私の場合　6
　第2節　英語を聞き取り覚える方法をサザンオールスターズの曲に学ぶ！　8

第2章　英語が聞ける耳を作ろう（リエゾンなどをディクテーション・音読）　11
　第1節　音（母音・子音）　12
　第2節　ストレス　24
　第3節　音の変化　29
　第4節　その他　35
　第5節　総合演習　40

第3章　問題をやってみよう　PART1　43

第4章　もっと長い文にチャレンジ　77

第5章　問題をやってみよう　PART2　103

第6章　仕上げ・落語で笑っちゃおう！　139

第1章
精聴と多聴、どっちがいいの？

さて、あなたはリスニング用の機材もCDも全て揃いました。
よし、聴くぞ！
1回聴いて、「よし、聴いた。次！」
2問目も1回聴いて「ようし、次！」
・
・
・
これで力がつくでしょうか？

第1節 私の場合

　一般に、1つの課題を何度も何度も聴くことを精聴と言い、量をこなすためにたくさん聴くことを多聴と言っています。
　私は…どっちをしたのでしょう？
　詳しくは前書『はじめて受けて905点　TOEIC TEST　ボクの短期集中勉強法』（ベレ出版）を参考にしていただきたいのですが、私がTOEICのリスニングで満点を取ったときの学習法は、精聴とも多聴ともはっきり区別ができない方法で勉強したのです。
　病気だった私は、次から次へと問題を解きまくりました。復習はほとんどしませんでした。そんな面倒くさいこと、病気だった私には全くやる気が起きなかったのです。
　でも、解けなかった問題に関してはとにかく何度も聴きまくりました。何度聴いてもわからない…そんな境地に至るまで聴き（といっても5回くらいでしたが）、解答を見ました。だいたい単語を知らなかったことなどが原因でした。それでも、心が折れていた当時の私は傷つき、また多聴に戻りました。
　格好良く言えば、弱点を補強した、となりますし、反対に言えば面倒く

さかった、となるのです。部分的には精聴し、部分的には多聴したといえます。

　今考えると、これはかなり理にかなっていると思うのです。できない問題にいたずらに時間をかけて無駄な時間を過ごすより、気持ちを切り替えてできる問題を増やすのです。病気だった私には、そのほうが爽快でした。

　ですから、皆さんにもたくさん英語を聞いて頂き、聞き取れない部分はあまり無理をせず原文を読んで、その後音読などをして力を付けたほうが得です。

　現在の私は、TOEIC 模試などの CD を常にパソコンに入れてあります。そして仕事中に「アッ、あんまり英語聞いてないな」と思うと、CD を作動させて、パート 3 やパート 4 の文章がすぐ出るようにしています。昔はわからないとず〜っとわからないままでしたが、最近は 1 回で、もし無理でも 2 回聴くとだいたいわかるようになってきました。これも適当に聴くという意味では多聴ですが、同じ CD を飽きるほど聴きます。精聴です。

　皆さんのスタイルはどうですか？

　今だったら、iPod を利用するという手もありますね。私も良くポッドキャスト（英語の番組のようなもの・無料）を利用します。CNN ニュースなどを 1 つ入れて、何回も聞くとまるで英語のシャワーを浴びているようで気持ちがいいです。次第に 1 つだけだと聞き取れるようになってきますから、そうしたら複数のニュースを入れて、ある程度まとまった時間聞くことをお薦めします。

　ちょっと精聴と多聴のバランスがわかりにくいかも知れませんね。

　次節で例え話を用いて説明します。

第2節　英語を聞き取り覚える方法をサザンオールスターズの曲に学ぶ！

　これは私が偶然出会った勉強法です。
　突然ですが、私、サザンオールスターズ（および桑田佳祐さんのソロ）の大ファンなのです。
　サザン、無期限の活動休止になりましたねえ…寂しい。
　あるとき、Yahoo の音楽の番組で、サザンの代表曲をアトランダムに、延々とかけてくれるものがあったのです。私はその番組を毎晩聞いていました。いい歌ありますね。「勝手にシンドバッド」が有名ですが、ちょっと酒焼けしたような声が魅力の「茅ヶ崎に背を向けて」、私のカラオケ十八番の「海」、隠れた名曲「慕情」や、J-POP では珍しい3拍子の曲「湘南 SEPTEMBER」などなど…
　私は、聞きながら「エア桑田」をしていました。桑田さんのヴォーカルに合わせて、口パクで真似をし始めたのです。でも、番組の中で流れるほとんどの曲を、私は知りませんでした。まともに歌える曲と言えば「みんなのうた」くらいです。それも完全に歌詞を覚えているわけではありません。
　番組を聞くにつれ、かかる曲には限りがあることがわかりました。私は思ったのです．この曲全てを歌えるようになろうと。
　サザンの曲には大きな特徴があります。かなりの曲に、英語なまりがあるということです。これは単に小手先の発音がいいということではありません。全体に日本語ですら英語のリズムで歌ってしまう、ということなのです。ですから、聞き取りにくい。歌詞の意味がわからないのはしょっちゅうでした。例えば、「ロッポイヨー」と聞こえるので、意味がわからないなあ、と思っていたところ、何度も聞いているうちに、実は「色っぽいよー」の最初の「イ」が英語のリズムでほとんど脱落しかかっていて、

先のように聞こえたのだとわかったり。

　私は、まず全ての曲をエアで真似して、できるだけ桑田さんについていけるようにしました。当然、知らない歌詞や聞き取れないところは、まごついてしまいます。知らないうちに、とにかく聞き取れた音そのままに、何とか真似できるようなりました。ここまで来るのに数週間を要し、聞き取り→真似→また聞く、のサイクルができ上がりました。これを続けていくと、歌えるレベルまで行く曲が多くなってきました。実用レベルに近づいたわけです。まあ、外国の曲ではなく、日本語ベースであったので、習得は少し楽だったのかも知れません。

　しかし、例えば「イエローマン〜星の王子様」という曲のように、全般的に何を言っているのかサッパリわからないものもありました。何度聞いてもわかりません。こうしたものは、もうどうしようもなくて、歌詞を見ました。「あっ、こういうことを歌ってたのか！」という発見があると同時に、本当にわからないものは、いくら聞き取ろうとしても限度があり、きちんと文字を見て理解したうえで聞くのがいいと知りました。

　中にはゆっくりとしたバラードもあります。ですが、これらは歌詞をあまり知らなくても、聞きながら先が推測できてしまい、うろ覚えのままエア桑田ができてしまうのです。ですから、練習はもっぱら速い歌中心になっていきました。

　そして、ついに全曲を歌えるようになったのです。しんどかった！でも、私は心の中で、『これは英語の学び方と似ているな』と思ったのです。

　最初、英語のリズムで歌われたものをとにかく聞き取って真似しようとすることからはじめました。これは、例えば英語のニュースなどを、何度も何度も聞いてみて、シャドウイングの要領（というかほとんど同時に言ってみることに近い）で真似してみるのと似ています。それでできるだけ多くの英語を捕獲するのです。この心境は、文字で書いてある英文を何度も何度も音読して、とにかく暗記しないようにしてじっくり脳に浸透するのを待つ、という、國弘正雄先生の唱えておられる"只管朗読"に非常

に近いです。

　そして、どうしてもわからないものは、スクリプトを見て学んでしまうしかない、ということも、「英語のシャワーを聞き流せば聞き取れる」という迷信が間違っていることの証明といえます。また、よくある"ゆっくり英語"（ナチュラルスピードがニガテな人のために、スローにした聞き取りマテリアル）も、聞いているうちに先が読めてしまい、聞き取りの訓練としては意味が薄いこともわかります。

　ですから皆さん、本書を利用する際には、まず何度も同じマテリアルを聞いて、できるだけ多くの英語を拾ってください。そしてもう限界だと思ったら、スクリプトを見て、書いてある英語を確認してください。もしそれでも意味がわからなかったなら、結局のところはいくら聞いても無駄だったということです。英語自体を勉強し直しましょう（書いてある英語がわからないのに「洋画の英語が聞き取りたい」ということがいかに無謀なことか！）。

　そして、聞く→英語を拾う→何度も聞いてだめならスクリプトを見る→再度聞き取りに挑戦、というサイクルを経ていくと、私がサザンを歌えるようになったのと同じく、英語が血や肉になって、聞き取れるばかりでなく、いざというときに口をついて出るようになります。

　さらに、でき得る範囲内でこのサイクルを多くの英語で試してください。1日にそれなりの時間もかかるかもしれませんが、集中すれば短時間でも効果があります。同じ英語ばかり聞いていては飽きてしまうという方は、Yahooの番組がアトランダムで曲を流していたように、例えばTOEICのパート3を1日9問（つまり3文章）聞くようにしたり、と工夫してみると長続きするでしょう。

　次章から、いろんなエクササイズが待っています。是非CDが割れるくらいまで、徹底的に利用なさってください。

第2章
英語が聞ける耳を作ろう

さあ、それでは早速トレーニングです。地道に訓練することで、英語の持つトラップにはまらないようになりましょう。

第1節　音（母音・子音）

まずは日本語にはない母音・子音を集中的に学びます。あくまでも日本語の発音とは違うんだ、と認識しながら、特にカッコ内の単語を注意して聞いてください。

●母音1…音を聴いて、空欄に書き入れてみよう　　☺ TRACK01

1	æ	Oh, I've left my （　　　　　）.
2	ʌ	（　　　　　）, er...I think it's wrong.
3	ɑ	I had my hair （　　　　　）.
4	ε	She is talking （　　　　　） today's plan.
5	ɑːr	Let's have a （　　　　　）.
6	εːr	I got （　　　　　）.

以上、日本語でいうところの「あ」に近い英語の母音です。

1. [bǽt] という発音。「ベアッ」という感じで、口は「エ」に近く、「エ」と「ア」の中間のように、少し大げさに発音します。
2. [ʌ] という発音。口をどちらかというと縦に開いて、寒い時に手に息を吹きかけるように優しく発音します。
3. 日本語の「あ」に最も近い音で、二重母音（母音が2つつながったもの）の最初の方として良く使われます。
4. 口をかろうじて開けている、という感じで、曖昧な音です。

5. 3に[r]がついた音です。
6. 4に[r]がつきます。ジャイアント馬場のこもった「ポー」を参考に。
　いずれにせよ、3以外は全て日本語の「ア」とは全く違うことに気をつけてください！

（正解）
1. bat（ああ、バットを忘れてしまった）
2. But（でも…私は間違ってると思うけど）
3. cut（私は髪を切ってもらった）
4. about（彼女は今日の計画について話している）
5. party（パーティーしましょう！）
6. hurt（怪我をした）

●母音2…音を聴いて、空欄に書き入れてみよう　　　☺TRACK02

| 1 | i | I'll show you the （　　　　　　　）. |
| 2 | iː | This is the （　　　　　　　） expensive car. |

　さて、今度は日本語の「い」に近い音を学びます。
1. 非常に重要です。英語ができる、と豪語する人でも、これを「い」と発音する人の何と多いことか！これやgiveなどは、「い」ではなくて、「い」と「え」の中間の音を出します。非常に微妙ですがCDを良く聞いて、何度も真似してみてください。
2. もう今はやる人が少なくなったと思いますが、昔は小学生くらいの子が嫌いな子に対して「い～だ！」といって、口を思いっきり"い"の字にしたものです。まさにこれです。

いずれにせよ、日本語の「イ」とはまったく違うことに気をつけてください。

（正解）
1. list（あなたにリストを見せましょう）
2. least（これが最も安い車です）

●母音3…音を聴いて、空欄に書き入れてみよう　　☺TRACK03

| 1 | u | (　　　　　　　) it over! |
| 2 | uː | Let's go to the (　　　　　)! |

　今度は日本語の「う」に近い音です。
1. 日本語の"お"の口をして、"う"と発音してみてください。ちなみに、この文章の意味は、「車を路肩に止めなさい」というもので、スピード違反をした車を警察が止めているようなイメージを作ってください。
2. 日本語の「う」の形をして、「う」と言って…って、それじゃ結局日本語の"う"じゃないか！そうです。この音は日本語の「う」とそう変わりがないのです。

　特に1は、日本語の「ウ」とはまったく違うことに気をつけてください。

（正解）
1. Pull（車を路肩に止めなさい！）
2. pool（プールに行こうよ！）

●母音 4…音を聴いて、空欄に書き入れてみよう　　　　☺ TRACK04

1	ou	We rowed a （　　　　　　） down the river.
2	oː	I finally （　　　　　　） a car.

　これがいわゆる"2重母音"という奴です。日本語の「お」に近い音を集めました。
1. 最初のoで日本語の「お」に近い音を出し、それにuをくっつけます。
2. 腹から上ががってきた息をのど仏に通過させる時「おー」と言います。のどを丸く開ける感じです。普段あまり日本人が使わないのどの筋肉を使いますね。これを練習してちょっと（言葉は悪いですが）気持ち悪くなってきたら、本物です。

（正解）
1. boat（私たちはボートをこいで川を下った）
2. bought（ついに車を買いました）

●母音 5…音を聴いて、空欄に書き入れてみよう　　　　☺ TRACK05

1	ou	Can I use your （　　　　　　） plate?
2	oːr	I'll （　　　　　　） you by e-mail.

　間違いやすい2つです。
1. 日本語に近い「お」を出し、その後ろにuをくっつけます。
2. のどをぱっくり開けたoにrをつけて伸ばします。

（正解）
1. foam（あなたの発泡スチロールの皿を借りてよいですか）
2. inform（電子メールでお知らせします）

Exercise

TRACK06

2つの単語のうち、先に発音されたのはどちらでしょうか。

1. hot － hat
2. eat － it
3. run － ran
4. bag － bug
5. look － luck
6. bus － boss
7. said － sad
8. sock － sack
9. on － an
10. shot － shout
11. pond － pound
12. guess － gas
13. men － man
14. clock － cloak
15. fox － folks
16. sung － song
17. cut － cat
18. dock － duck

（答え）

1. hot（前頁の順で、温かい－帽子）
2. eat（食べる－それ）
3. ran（走る－走った）
4. bug（バッグ－虫）
5. look（見る－運）
6. bus（バス－上司）
7. sad（言った－悲しい）
8. sock（靴下－布袋）
9. on（〜の上に－１つの）
10. shout（発砲－叫ぶ）
11. pond（池－ポンド）
12. guess（推測する－ガス）
13. man（男性たち－男性）
14. cloak（時計－ホテルなどのクローク）
15. folks（狐－人々）
16. sung（sing の過去分詞形－歌）
17. cat（切る－猫）
18. duck（波止場－アヒル）

●子音1…音を聴いて、空欄に書き入れてみよう　☺TRACK**07**

1	l	Please turn off the（　　　　　）.
2	r	Turn（　　　　　）and keep on going.

　日本人はニガテとされる、l と r の発音ですが、実際は発音するにはそれほど難しくありません。むしろ聞き取りでしょう。自分が発音できない音は聞き取れないとも言われます。ここは是非発音をマスターし、聞き取りに直結させましょう！

1. 口の中で、上の歯の付け根よりさらに上のところに、舌先を押し付けます。その状態で、のどを鳴らして「うー」と言ってみてください。これが英語の l の音です。
2. 1の形で舌先を離します。どこにも舌先がついていない状況です。舌の根には力が入っていません。舌を宙に浮かせて「うー」と言ってみてください。これが英語の r です。

（正解）
1. **light**（ライトを消してください）
2. **right**（右へ曲がって、そのまま進んでください）

●子音 2…音を聴いて、空欄に書き入れてみよう　　☺ TRACK**08**

1	ʃ	( ) up!
2	ʒ	( )

1. 映画館でうるさくしている人に「シー」と注意を促しますね。まさにその音がこれです。単語の中で "sh" という綴りが出てきたら、十中八九これです。
2. 1の口の形で、"ジ" と音を出してみてください。usually の s などもこの類です。

（正解）
1. **Shut**（静かにしろ！）
2. **January**（1月）

●子音 3…音を聴いて、空欄に書き入れてみよう　　☺ TRACK**09**

1	tʃ	( ) out!
2	dʒ	Take off the ( ).

1. 舌の先を歯ぐきにつけて（日本語ではつけないことが多いので注意！）"ち" と発音します。
2. 1の形で声帯を震わせ "じ" と発音します。若干強めに言うとよいでしょう。

（正解）
1. Watch（気をつけろ！）
2. jacket（ジャケットを脱いで）

●子音 4…音を聴いて、空欄に書き入れてみよう　　☺ TRACK**10**

1	f	You are the （　　　　　） to come.
2	v	He has a nice （　　　　　）.
3	b	What is your （　　　　　）?

　1 と 2 は日本語にはない音ですね。
1. 上の歯で下唇を軽く噛み、そのまま"ふ"と発音します。慣れてくると、上の歯先で下唇にちょっとだけ触れ、すぐ離してしまうという芸当もできます（というより、自然にそうなって行きます）。
2. 1 の口の形で、声帯を振るわせ"ヴ"と発音します。very の ve などはまさにこの形です。
3. ほぼ日本語と同じバ行です。

（正解）
1. first（あなたが来た最初の人です）
2. voice（彼はいい声をしている）
3. job（あなたの仕事は何ですか）

● 子音 5…音を聴いて、空欄に書き入れてみよう　　🙂 TRACK **11**

1	θ	I will take　（　　　　　　　）.
2	ð	At least I can　（　　　　　　　）.

　さあ、日本人がもっとも恐れているという、日本語にはないので書きようのない音の登場です。
1. 上の歯と下の歯の間に下先を軽く入れ、そのまま息を出します。慣れてくると、舌先で上の歯茎にさっと触れるだけですんでしまいます。
2. 1の要領で声帯を振るわせて"ズー"に似た音を作ります。

　ね、やってみると簡単でしょう？

（正解）
1. **both**（両方頂きます）
2. **breathe**（少なくとも息はできます）

Exercise ☺ TRACK**12**

2つの単語のうち、どちらを先に発音しているでしょうか？

1. fan － van
2. leaf － leave
3. right － light
4. low － row
5. clothing － closing
6. breathe － breeze
7. boat － vote
8. bat － vat
9. thick － sick
10. mouth － mouse
11. seat － sheet
12. sip － ship
13. flute － fruit
14. crowd － cloud
15. they － day
16. fear － hear
17. funny － honey
18. log － long

（答え）

1. van（前頁の順に、ファン—車のヴァン）
2. leaf（葉—去る）
3. right（右—明かり）
4. row（低い—こぐ）
5. clothing（衣類—終わり）
6. breeze（呼吸する—そよ風）
7. vote（ボート—投票する）
8. bat（バット—大きな樽）
9. sick（厚い—病気である）
10. mouth（口—ねずみ）
11. seat（席—敷布）
12. ship（飲み物の1すすり—船）
13. flute（フルート—果物）
14. crowd（群衆—雲）
15. day（彼ら・彼女ら・それら—日）
16. hear（恐怖—聞く）
17. funny（面白い—ハチミツ）
18. long（丸太—長い）

第2節 ストレス

ストレスといっても、日ごろ疲れて帰ってくるお父さんが「ああ、ストレス解消にゴルフでも行くか」という話ではありません。

英語の仕組みにおけるストレスとは、一体なんでしょう。

ストレスとは『強さ』です。音の強さを表します。

日本語は、音の"高低"で話し手の意思を示します。「パパ、どこ行ってたの？」という文は、

ドラマなどで、子役がどことなくわざとらしいのは、音の高低で喋りすぎているからです。

そして今我々が英語を聞き取れない、話せない1つの原因が、ここにあるのです。

英語はアクセントの置かれた音節は"強く"読まれます。もちろん、強く読めば多少なりとも高くなりますが、それは付随するものです。

TRACK13

DAD! WHERE have you BEEN?

大文字で記載したところは、ストレスを置いたところです。のんびり読めばイントネーションも日本語のようにつくのでしょうが、早く読むと have you のところはほとんど聞こえません。試しにストレスを置いたところで机を叩くなどしてリズムをとってみてください。タン、タン、タンと、きれいな3拍子になっていることがわかります。

まずは単語レベルで練習しましょう。ストレスを置いたところで、息を

目の前の的に当てるように強く出します。大昔ですが、演歌歌手が口の前にローソクを灯し、それを吹き消さないで歌うというテレビCMが流れていたことがあります。でも英語では息を飛ばすため、炎などたちどころに消えてしまいます。

次の単語のストレスの置かれている部分をカッコの中に書き、それを強くして単語全体を発音します。あくまでも、強くです。リズムを取るために、机を叩いたりしながらでも結構です。

☺ TRACK 14

1. **photography** （　　　　）写真

2. **television** （　　　　）テレビ

3. **understand** （　　　　）理解する

4. **critical** （　　　　）批判的な・危機的な

5. **plastic** （　　　　）プラスティック

（正解）1. TO　2. TE　3. STAND　4. CRI　5. PLA

強く読めましたか？

では、今度は文単位でストレスを考えて見ましょう。
　文単位でストレスがかかる品詞は、内容語と呼ばれるもので、名詞、動詞、形容詞、副詞、疑問詞などです。逆に機能語と呼ばれる助動詞、be動詞、冠詞、前置詞、接続詞、関係詞などです……と書いても、良くわからないですよね。

25

例えばあなたに、知り合いのビジネスマンから携帯電話がかかってきたとしましょう。

しかし、相手の電波状態が悪いのか、部分的にしか聞き取れません。

聞こえた内容は、以下です。

visit   office   get home

一生懸命理解しようとしますね。この文は不完全ながら、何かを想像させます。visit と office で、オフィスを訪問する。visit というくらいだから、visit your office が妥当だろう。もし、my office なら、「私のオフィスを"訪問"してほしい」とは言わず、「立ち寄ってほしい」などになるはず。次の get home は、「家に帰る」。「家に帰りがてらに」とか「家に帰ってから」だろうか…こんな感じでしょうか。この通話に次のような単語をつけてみると、少しわかりやすくなりますね。

visit your office before get home

ただ、基本的な情報は上のものと同じです。

このように、基本的な情報を運べる単語が内容語で、なくても何とかなる単語を機能語と言う、と覚えて下さい。そして、ストレスを置くのは内容語のほうです。

この電話は、正確に記すと次のようなものでした。

I want to **visit your office** before I **get home**.

ここで面白いのは、波線で示した部分は3箇所全て同じ時間をかけて素早く読みます。ですから、I want to と your、before I は、長さこそ違え、同じ時間がかかります。実は、ディクテーションをしていて快感なの

は、この機能語が聞き取れた時です。私も"supplier"としか聞き取れなかった単語が実はその前に本当に小さな"other"がついていたとわかった時にはものすごく嬉しかったです。

Exercise　　　　　　　　　　　　　　　　　　　　TRACK15

　次の文で、強く読まれるところに○を付け、CDを聴きながら何度も発音練習をしてください。その際、英語は高低ではなく強弱であること、大きく波打っていることを意識しながら、ストレスの置かれる時に机を軽く叩いたりしてみてください。

1. Should I wait for the express?

2. My grandpa has been in the hospital.

3. We're running out of toothpaste.

4. I have a few silk blouses I want cleaned.

5. Could you grab me the towel for my face?

6. I've got to wait until the bobber disappears into the water.
（bobber＝釣具の浮き）

7. Look, there's someone sitting on the curbside and he's bleeding.

8. It depends on the tomorrow's weather.

特に 5 などはわかりやすいと思うのですが、まるで文が波打っているのがわかります。

　英語のリズムに慣れてください。この規則どおりに発音できると、聞き取りがとても楽にできます。私も最初はリズムに合わせて発音するなんて面倒だなあ、と思っていたのですが、これができるとリスニングにもいい影響が出ると実感できたので、練習にも力が入りました。皆さんも是非モノにしてくださいね。

(答え)

1. Should I wait for the express? （急行を待つべきでしょうか）

2. My grandpa has been in the hospital. （おじいさんは入院しています）

3. We're running out of toothpaste. （歯磨き粉がなくなりかけている）

4. I have a few silk blouses I want cleaned.
　（きれいにしたい 2〜3 枚のシルクのブラウスを持っている）

5. Could you grab me the towel for my face?
　（顔を拭くためのタオルを手渡してくださいませんか）

6. I've got to wait until the bobber disappears into the water.
　（私は浮きが水に沈むまで待っていなければならない）（bobber＝釣具の浮き）

7. Look, there's someone sitting on the curbside and he's bleeding.
　　（見て、歩道の縁石に座っている人がいるよ。しかもその男の人は血を流している）

8. It depends on tomorrow's weather. （明日の天気次第だね）

第3節　音の変化

(1) リエゾン

　例えば、"get on"（乗る）というイディオムを、あなたはどう発音しますか？

　学校では"ゲット　オン"と習いましたね。でも、これではいつまでたっても速い英語は聞き取れません。

　思い切り、詰めて発音してください。"ゲトオン"イギリス英語ならば、子音が強く出るのでこれでいいかも知れません。しかし、アメリカ英語では**"ゲロン"**と、日本語のラ行のような音を用いて、軽くなめらかに発音します。

　このように、2つの単語がくっついたような状態をリエゾンと呼んでいます。

・I need a pen.　→　アイ　ニーラ　ペン
・I turn off the light.　→　アイ　テューノフ　ザ　ライ
・Cut it out（もうやめろよ）　→　カリラウ
・Where are they?　→　ウエアラア　デイ？

Exercise 🙂 TRACK**16**

CD を聴いて、空欄をうめてください。(1 カッコに 1 単語とは限りません)

1. (　　　　　　　) at the next stop.
2. She (　　　　　　) haircut.
3. (　　　　　　　　　), he is stingy. (stingy＝けち)
4. He will come (　　　　　　　　　　).
5. Don't forget to (　　　　　　　　).

(正解)

1. Get off（ゲロフ）　　　　　　次の駅で降りなさい。
2. got a（ゴラ、ゲラ、ガラ）　　彼女は髪の毛を切ってもらった。
3. In other words（イナザワーズ）別の言葉で言えば、彼はけちなんだよ。
4. in an hour（イナナワ）　　　　彼は1時間で来ます。
5. pick it up（ピキラッ）　　　　それを捕らえるのを忘れないで。

(2) エリジョン

音の脱落とも言います。似たような音が続いた場合に、全部発音しないで、1つの音が発音されない（またはされても非常に弱い）現象を指します。

・Have a goo<u>d</u> <u>d</u>ay.　→　ハヴ　ア　**グッ・デイ**（d が2つついてるので1つが脱落している）

- Goo<u>d</u> luck! → **グッ・ラック**（同じ子音でなくとも、破裂音が続くと脱落が起きる）
- Tell her to buy the magazine. → **テラー** トゥ バイ ザ マガズィーン（テルハー、とはならない。他にも about him がアバウ**リ**ムなど、代名詞の h は脱落しやすいので注意！）

Exercise   ☺TRACK**17**

CD を聴いて、空欄をうめてください。（1 カッコに 1 単語とは限りません）

1. (　　　　　　　　　　　　　) fax an application form.
2. Last night I (　　　　　　　　　　　　　).
3. You (　　　　　　　　　) joking.
4. I (　　　　　　　　　) going to the movie today.
5. He talked (　　　　　　　) on the cellphone.

（正解）

1. **She was supposed to**（サポウズ・トゥと、d が脱落している）
   （彼女は応募用紙をファックスすることになっていた）
2. **dreamed a bad dream**（バッ・ドリームと、これも d が脱落）
   （昨夜私は悪い夢を見た）
3. **must be**（マス・ビーと、t が脱落）
   （冗談に決まってる）

31

4. don't feel like（"not feel like 〜ing" に親しんでいればわかりやすいが、そうでないとナッ・フィー・ライ、と、省略しすぎて何のことかわからないかも）
   （今日は映画に行きたくない）
5. with her（代名詞の h が若干脱落ぎみ）
   （彼は携帯電話で彼女と話した）

　さて皆さん、調子はいかがですか？このような変化が起こるのは、1つには発音を楽にするためであり、もう1つはすでに学んだ英語の強弱リズムの影響で、弱いところが変化しているのです。是非手を叩いたりしながら、強弱を意識して読んでいってください。
　それではあと少し、続けます。

(3) アシミレーション
　今から何年前になるでしょう、歌手の近藤真彦さんが『ギンギラギンにさりげなく』という歌を歌っていました。その中で、早口で『ア#&%＊＋ベイビー、ア＊>@P ベイビー、ア&%#＄%ベイビー、ライドン』と歌うところがありました。当時小学校の5〜6年だった私は、『これは何の呪文だ？』と、全く聞き取れませんでした。
　これが聞き取れたのは、もう大人になってからです。近藤さんはこう歌っていたのです。『アラッヴュー　ベイビー、ア　ニッジュー　ベイビー、ア　ウォンチュ　ベイビー、ライド　オン』
　メロディーの関係で、ちょっと省略しすぎているところもありますが、要するに、

　　　　　　　I love you　→　アイラヴュー
　　　　　　　I need you　→　アイニーチュー

　　　　　I want you　→　アイウォンチュー

と、短縮させていたのです。アイウォンチューなんて、皆さんも耳にされたことが少なくないと思います。
　このように、v＋y、d＋y、t＋y などは、ヴュ、ヂュ、チュという風に変化をします。
　他にも、

・I read your book.　の read your が　リーヂュア
・I want to help you.　の help you が　ヘオピュー

などの変化をします。これをアシミレーションと言います。
　アシミレーションにはもう1つあって、これらは当たり前のように使われています。

　　　① I want to〜　→　I wanna（ワナ）
　　　② I'm going to〜　→　I'm gonna（ゴナ）
　　　③ I have to〜　→　アイ　ハフタ
　　　　 He has to〜　→　ヒー　ハスタ
　　　④ I've got to　→　I've gotta（ガッタ）

＊②の"アイム　ゴナは、さらに短縮してアイマナ、ということもある。洋画などを見ると時々使われているのがわかる。

Exercise　　　　　　　　　　　　😊TRACK**18**

CDを聴いて、空欄をうめてください。(1カッコに1単語とは限りません)

1. (　　　　　　　　) here.
2. I'll (　　　　　　) 50 bucks.
3. (　　　　　　　　) is read this book.
4. (　　　　　　　　) find out where he lives.
5. When I was a kid I (　　　　　　) play here.

(正解)

1. **Get out of**（ゲラーロブヒアと聞こえます。相手が怒って「出て行け」と言っている場合や、火事などで避難を促しているような、いずれにしろ緊迫した状況で用いられるので、本当に速いとゲラーリーイアのようにかなり崩れて聞こえます）。
2. **bet you**（ベッチュー、あるいはベッチャ、と聞こえる。「50ドル賭けてもいいよ」という意味。
3. **What I wanna do**（本来はWhat I want to doで、「私がしたいこと」となる。Whatは関係代名詞で、The thing whichと置き換えられる。訳は「私がしたいことは、この本を読むことです」）
4. **I'm gonna**（「彼がどこに住んでいるのか、探し出してみせる」という、女の子の決意溢れる言葉で、『バック・トゥ・ザ・フューチャー』で使われていました。そのときはアイマナ・ファイン・ダウトでした）
5. **used to**（ユースタ、と発音。used toは「かつては〜したものだった」という意味。訳は「私が子供のころ、ここで遊んだものだった」）

第4節 その他

(1) 数字

① 3桁ごとのルール

英語は、3桁ごとにカンマで区切られています。

100	百
1,000	千
10,000	1万
100,000	10万（a hundred thousand）
1,000,000	100万（a million）
10,000,000	1000万（10 million）
100,000,000	1億（a hundred million）
1,000,000,000	10億（a billion）
10,000,000,000	100億（ten billion）

まず、波線の数を覚えます。そうしたら、例えば1000万は、100万の10倍なので、a million の10倍、つまり ten million ということになります。

② そのほかの数字

1) 電話番号

045-359-7231 を例に取ると、ハイフンで間を取りながら、上から1桁ずつ o-four-five three-five-nine seven-two-three-one と、順番に読んでいきます。0はオーと読むのが一般的。

2) 年号

1192などの3桁以上の場合、上2桁と下2桁とに分けて、eleven ninety-two と読みます。ただし、2009年のように2000プラスα

といったほうがわかりやすい場合は、two thousand（and）nine と読みましょう。

3）住所

番地、部屋番号などは、3桁以上は棒読みが普通です。Room 853（マンションの853号室）などの場合、Room eight-five-three と読みます。ただし、4桁の場合に限って2桁ずつ区切って読みます。

Exercise ☺TRACK**19**

CDから流れる数字を書き取ってみましょう（読んだ通りではなく、数字で！）。

1. （　　　　　　　）

2. （　　　　　　　）

3. （金額）（　　　　　　　　　　　）

4. （電話番号）（　　　　　　　　　　　　）

5. （年号）（　　　　　　　）

6. （年号）（　　　　　　　　）

7. （ワイズマン　エデュケイション社の住所）
　　（　　　　　　　　　　　　　　　　　　　）

(正解)

1. **666**（six hundred and sixty six）
2. **120,000,000**（one hundred and twenty million）
3. **160.25**（a hundred sixty dollars and twenty five cents）
4. **533-758-2026**（上から1桁ずつ読む。この場合0はオーと読んでいる）
5. **1333**（thirteen thirty-three）
6. **2012**（two thousand twelve）
7. **Wiseman Education, 1540 Margo Street, NY13275**

(2) 短縮

　下記のように、be動詞や助動詞は、前後の単語とくっつく時に短縮が起こります。短縮というのは、I am が I'm になるように、アポストロフィー（'）を使って2語を1語に縮めてしまうことを指します。

(レベルはあくまでも参考です)

●中学1年レベル

I am	→	I'm		you are	→	you're
he is	→	he's		we are	→	we're
they are	→	they're		Who is	→	Who's
is not	→	isn't		are not	→	aren't
do not	→	don't		does not	→	doesn't

●中学2年レベル

was not	→	wasn't		were not	→	weren't
did not	→	didn't		cannot	→	can't
must not	→	mustn't		he will	→	he'll

● 中学 3 年レベル

have not → haven't
has not → hasn't   had not → hadn't
should not → shouldn't
I have → I've   he has → he's
We have → We've など

● 高校レベル

I would → I'd   She would → she'd
They would → they'd など
(I had、They had なども同じように I'd、they'd になる)
could have → could've （クダヴ）
would have → would've （ウダヴ）
might have → might've （マイタヴ）

Exercise   🙂 TRACK**20**

CD を聴いて、空欄をうめてください。(1 カッコに 1 単語とは限りません)

1. (   ) to join this club.

2. (   ) the movie yet.

3. (   ) do it!

4. (　　　　　　　　　　　　　　　) by 5 o'clock.

5. (　　　　　　　　　　) too much.

（正解）

1. **You're allowed**
   （あなたはこのクラブに入ることを許されました）

2. **I haven't seen**
   （私はまだその映画を見ていません）

3. **You mustn't**
   （それをしては絶対いけない）

4. **He hadn't finished the report**
   （彼は 5 時までにレポートを書き終えられなかった）

5. **She might've eaten**
   （彼女は食べ過ぎたのかも知れない）

第5節　総合演習

　第2章の総まとめをしましょう。以下の問題には、様々な音の変化が盛り込まれています。まずは、

① 空欄を埋める。
② 埋められなければ何度も聞く。
③ 英語の強弱リズムを意識して聞いてみる。丸をつけてみてもいいでしょう。
④ 答え合わせをして、何度も音読をする。

という順序でやってみてください。

TRACK**21**

1. (　　　　　) has (　　　　) body.

2. (　　　　　) to (　　　　　).

3. (　　　　　　) at (　　　　　).

4. (　　　　　) like a (　　) tonight.

5. (　　　　) tell me (　　　　).

6. It (　　　) him (　[数字を書いて]　) yen.

7. (　　　　　　　) do?

8. (　　　　　　　　　　) safe.

9. He (　　　　　　　).

（正解）

1. (This red wine) has (a lot of) body.
　　意味は『この赤ワインはコクがある』。a lot of が「アララ」と聞こえてしまう。
2. (I'll just ask her) to (call him back).
　　『私から彼女に、彼へ折り返し電話するよう頼んでおきます』I'll は「アール」、ask her は代名詞の h が脱落して「アスカー」になる。同じように call him も「コーレム」と聞こえる。
3. (You're gonna get off) at (the next stop).
　　『あなたは次の駅で降ります』You're は「ヨー」。going to が「ゴナ」get off は「ゲロフ」、next stop が「ネクストップ」と、たくさんの現象が起こっている。
4. (I bet I'll sleep) like a (log) tonight.
　　『今夜、私は丸太のように（ぐっすり）寝るはずだ』という意味。
　　bet I のところが「ベラ」と変化する。log は母音がしっかり聞き取れているかの問題。
5. (She has to) tell me (about it).
　　has to は「ハスタ」、about it は「ウバウレ」に近くなる。
6. It (costs) him (20,000,000) yen.
　　『彼はそれを買うのに2千万円かける』カンマの位置とそれが表す金額をしっかり頭に入れよう。

7. (<u>What do you wanna</u>) do?

　　What do you は「ワルユ」と聞こえる。wanna は want to の口語での短縮形で「ワナ」と言っている。

8. (<u>You must keep it in the</u>) safe.

　　safe とは"金庫"の意味。また、keep it in the は it in the がさほど重要な単語でないために「キーピリンザ」と一気に言っている。

9. He (<u>could've seen it</u>).

　　『彼はそれを見たかもしれない』という過去の推量。could've は「クダヴ」となる。

第3章
問題をやってみよう
PART1

1. 会話を聞いて、質問の答えを（A）～（D）から選んでください。

（1）　　　　　　　　　　　　　　　　　　　　　TRACK22

　問1　今の天気は？
　　（A）快晴
　　（B）くもり
　　（C）一時雨
　　（D）今にも雨が降りそう

　問2　天気予報では何と言っていましたか？
　　（A）午前中にくもり、午後は雨
　　（B）午前中にくもり、夜は雨
　　（C）昼前後にくもり、夕方は雨
　　（D）昼前後にくもり、夜は雨

　問3　男性は
　　（A）しぶしぶ傘を持っていった
　　（B）何も言わずに出て行った
　　（C）天気予報を信じなかった
　　（D）雨が降る前に帰ると言って出て行った

（2）　　　　　　　　　　　　　　　　　　　　　TRACK23

　問1　男性は
　　（A）会社を起こす
　　（B）会社を変える
　　（C）会社をたたむ
　　（D）会社を訴える

問2　男性はそれを
　(A) 公表したがっている
　(B) 女性に公表してくれと言っている
　(C) 女性との秘密にしたがっている
　(D) 実はもう公表している

問3　女性は男性の考えを
　(A) 理解できない
　(B) 賛成している
　(C) 男性無しでも会社は大丈夫と言っている
　(D) この会話からは何とも言えない

(3)　　　　　　　　　　　　　　　　TRACK24

問1　女性は
　(A) 明日まで報告書を書き続けようとしている
　(B) 明日までのできるだけ早くに書き終えようとしている
　(C) 近いうちにできればいいと思っている
　(D) 書く気がなくなっている

問2　女性は
　(A) 目の乾きと腕の痛みに悩まされている
　(B) 目の乾きと肩こりに悩まされている
　(C) 腕の痛みと肩こりに悩まされている
　(D) 目の乾きと四十肩に悩まされている

問3　男性が言うには
(A) 早ければ早いほど上司は喜ぶだろう
(B) 明日中に仕上げれば上司は喜ぶだろう
(C) 明日、上司は忙しいが、見てくれるだろう
(D) 明日、上司は忙しいので、見る時間はないだろう

(4)　　　　　　　　　　　　　　　　　　　　TRACK25

問1　男性は
(A) クーペを借りに来て、店員に賛同された
(B) 店員にクーペを借りるようアドバイスされた
(C) クーペとセダンのどちらを借りるか迷った
(D) レンタル料が高すぎると思った

問2　レンタル料は
(A) 1日14ドル
(B) 1日40ドル
(C) 1日48ドル
(D) 2日84ドル

問3　加えて保険として
(A) 1日5ドル
(B) 1日7ドル
(C) 1日9ドル
(D) 2日15ドル

(5)　　　　　　　　　　　　　　　　🙂 TRACK 26

問1　女性は
　（A）映画スタッフ
　（B）助監督
　（C）報道カメラマン
　（D）雑誌記者

問2　監督は
　（A）長年気になっていた仕事が終わってホッとした
　（B）長年の夢が叶った
　（C）長年の心配から逃れられた
　（D）初夢が叶った

問3　ストーリーは
　（A）もうちょっとどうにかできた、と思っている
　（B）これ以上望めないほど満足している
　（C）他の作品同様、満足している
　（D）できれば少し変えたい

2. 会話を聞いて、質問の答えを (A) ~ (D) から選んでください。

(1)　　　　　　　　　　　　　　　　　　　　　　　　☺TRACK**27**

問1　Where does this conversation take place?
(A) An airport
(B) A hotel
(C) A laundry
(D) The man's house

問2　Before what time will the suit need to be pressed?
(A) 4:00
(B) 5:00
(C) 6:00
(D) 7:00

問3　How will the housekeeping get the suit?
(A) The housekeeping will send someone to the man's room.
(B) The man will take the suit to the housekeeping.
(C) Call the front.
(D) Nothing mentioned.

(2)　　　　　　　　　　　　　　　　　　　　　　　　☺TRACK**28**

問1　Where does the woman want to go?
(A) The Wilson hospital
(B) The Delson hospital
(C) The Wellsom hospital
(D) The Nelson hospital

問2　What is the fare to the hospital?
   (A) 16 cents
   (B) 50 cents
   (C) 60 cents
   (D) 90 cents.

問3　The driver wants the woman to
   (A) pay the fare in advance.
   (B) pay the fare just before getting off.
   (C) show him a commuter pass.
   (D) pay the fare by a pre-paid card.

(3)　　　　　　　　　　　　　　　　　☺TRACK29

問1　The man's problem is
   (A) he doesn't have enough money to buy clothes.
   (B) he can't decide what to wear.
   (C) his girlfriend gives him too much advice.
   (D) he will make a good presentation or not.

問2　What is the name of the man's girlfriend?
   (A) June
   (B) Janis
   (C) Jane
   (D) Jennifer

問3　What clothes does the man choose after all?
(A) A very flashy suit.
(B) A dark-colored suit
(C) A coat and a vest
(D) nothing mentioned

(4)　　　　　　　　　　　　　　　　　　　　　　　TRACK30

問1　Until when does the sale continue?
(A) A quarter to three
(B) A quarter past three
(C) Half past three
(D) Three o'clock

問2　By what percentage is the stylish sweater reduced in price?
(A) 5%
(B) 10%
(C) 15%
(D) 20%

問3　After all, the woman
(A) doesn't buy the sweater.
(B) hesitates to buy the sweater.
(C) buys the sweater right away.
(D) buys the sweater and jacket.

(5) 🎧 TRACK **31**

問1　What does the man order?
　(A) Two teriyaki-burgers and two cups of coffee
　(B) Three teriyaki-burgers and three cups of coffee
　(C) Two teriyaki-burgers and three cups of coffee
　(D) Three teriyaki-burgers and two cups of coffee

問2　Where will the man eat and drink the things which he bought?
　(A) At the fastfood restaurant
　(B) At the Japanese food restaurant
　(C) At the coffee shop
　(D) Somewhere outside the restaurant

問3　Will the man add milk and sugar to his coffee?
　(A) Yes, he will.
　(B) No, he won't.
　(C) Yes, but to one cup of coffee.
　(D) It is not sure whether he likes black or he will get milk and sugar somewhere else.

3. 次の会話の内容に最も近いイラストを選んでください。

(1) 　　　　　　　　　　　　　　　　　　　　TRACK**32**

イラスト1　　　イラスト2　　　イラスト3

(2) 　　　　　　　　　　　　　　　　　　　　TRACK**33**

イラスト1　　　イラスト2　　　イラスト3

(3) 　　　　　　　　　　　　　　　　　　　　TRACK**34**

イラスト1　　　イラスト2　　　イラスト3

(4) 🙂 TRACK**35**

イラスト1　　　　イラスト2　　　　イラスト3

(5) 🙂 TRACK**36**

イラスト1　　　　イラスト2　　　　イラスト3

(6) 🙂 TRACK**37**

イラスト1　　　　イラスト2　　　　イラスト3

(7) 🙂 TRACK**38**

イラスト1　　　　イラスト2　　　　イラスト3

(8) イラスト1　　　イラスト2　　　イラスト3　　　TRACK**39**

(9) イラスト1　　　イラスト2　　　イラスト3　　　TRACK**40**

(10) イラスト1　　　イラスト2　　　イラスト3　　　TRACK**41**

● 解答と解説

1.

（1） TRACK22

スクリプト

W：Take your umbrella with you.
M：C'mon! It's nice outside.
W：But the weather forecast said it's gonna be cloudy around noon, and rainy in the evening.
M：I'll come back before it rains. Bye!

日本語訳

W：傘を持って行きなさい。
M：勘弁してよ！外はすごくいい天気だよ。
W：でも天気予報で、昼頃にくもって、夕方には雨が降るって言ってたわよ。
M：雨が降る前に帰ってくるよ。じゃ！

問1…この会話がなされている時点では、男性の最初のセリフにあるように、外はとても天気がいい。選択肢の中で天気がいいのは (A) の快晴である。

問2…2度目の女性のセリフで、天気予報の内容が語られている。昼前後にくもって、夕方は雨であるから、答えは (C) となる。

問3…男性は、最後のセリフで、雨が降る前に帰ってくる、と言っている。よって正解は (D) である。

（ミニ文法）女性の2番目のセリフでは、it's gonna be cloudy と、未来を表すのに be going to を使っているが、男性の2番目のセリフでは、I will come back と、will を使って

いる。

　これは、be going to が前々から準備していたことを表すのに対し、will はその場の判断で「する」という時使う、という違いから来る。女性は天気予報を基に、雨が降るだろうと推測、準備をしているのに対し、男性はその情報を聞いてとっさの判断で「雨の前に帰る」と言っているのである。

(2)　　　　　　　　　　　　　　　　　　　　TRACK23

スクリプト

M：Between you and me, I'm quitting my job.
W：Quitting! Why? Our company needs you!
M：Thank you. But I finally decided to change company as a head-hunter suggested.

日本語訳

M：ここだけの話だけど、私は会社を辞めるんだ。
W：辞める！どうして？会社はあなたを必要としているのよ。
M：ありがとう。でもヘッドハンターの言うように、ようやく会社を変える決心がついたんだ。

問1…change company とあるので、会社を辞め、別の会社に移る、つまり会社を変えるが正解。選択肢は (B)。
問2…冒頭に"Between you and me"とあるので「ここだけの話だけど」と、他でもなくこの女性だけに打ち明けている。正解は (C)。
問3…女性が"Why?"と聞いていることから、女性は男性の気持ちを理解できていない。よって正解は (A)。

(3)

スクリプト

W：I have to finish this report by tomorrow. But dry eyes and stiff shoulders annoy me.

M：Take it easy. Our boss will be very busy tomorrow, so he'll have no time to read your report.

日本語訳

W：私、明日までにこの報告書をまとめなければならないの。でも目の乾きと肩こりがひどくって。

M：気楽にやりなよ。明日ボスはメチャクチャ忙しいから、君のレポートを見る時間はないだろうよ。

問1…by tomorrow とあるので、「明日までに」。これは、明日までの間に、早くできれば早いほどよいことを表す。注意したいのは、ここに until などが入ってくると、「明日（のある時刻）までレポートを書き続ける」と、全く違った意味になる。よって選択肢(A)ではなく(B)が正解。また、(D)の「書く気が無くなっている」は、問2を見ると惑わされがちだが、彼女は書く気が失せたとは一言も言っていない。

問2…女性の第2文に dry eyes and stiff shoulders annoy me. とある。これは、(dry eyes and stiff shoulders) annoy me. と、主部をカッコに入れてみればわかりやすい。

　　（カッコ）annoy me と、（カッコ）が私を悩ませる、という文であることがわかる。annoy という単語を知らなかった方は、是非この場で覚えてしまっていただきたい。正解は(B)。

　　さて（カッコ）だが、カッコ内を訳すと「ドライアイと肩こ

り」になる。目も肩も左右2つあるので、複数のsを忘れないように。これもstiffという単語を知らないと意味が取れないかも。しかし、文脈から推測できる。

問3…男性が言うには、Our boss will be very busy tomorrow, so he'll have no time to read your report と、very busy（とても忙しい）なので no time to read your report（君の報告書を読む時間はない）らしい。正解は (D)。

(4)　　　　　　　　　　　　　　　　　　　　TRACK25

スクリプト

M：I'd like to rent a car, please.
W：Certainly. What kind of car would you like?
M：How about a Coupe?
W：That'll be nice.
M：What's your rental fee?
W：It'll cost you $ 48.00 a day and $ 7.00 per day for insurance.
M：OK. I'll rent one.

日本語訳

M：車を借りたいのですが。
W：ありがとうございます。どのようなお車がよろしいですか？
M：クーペはどうでしょう？
W：いいですわね。
M：レンタル費用はいくらですか？
W：1日48ドルと、それから保険として1日7ドルかかります。
M：わかりました。借ります。

問1…男性は"How about a Coupe?"と聞いているのに対し、店員は"That'll be nice."と賛同している。よって正解は (A)。

問2…数字の聞き取りは非常に重要なので、常に日本語の数字を英語に直す訓練をしておくとよい（逆もあり）。あとでも出てくるが、What's your rental fee? はつい How much is the rental fee? と考えがち。運賃やこの手の料金は What's〜 で決まり。It'll cost you $ 48.00 a day〜とあることから、1日48ドルかかると言っている。選択肢で気をつけて欲しいのは、(D) の "2日84ドル" である。聞き取った数字とは違う、と切り捨ててしまうと、1日分を計算したら合っていた、などという結果にも。気をつけるべし。

とにかく正解は (C)。

問3…insurance とは "保険" である。知らなかった方は覚えましょう。これは、and $ 7.00 per day for insurance. と文が続いている。per は「〜あたり」であり、この場合は1日あたりとなる。正解は (B)。

(5)　　　　　　　　　　　　　　　　　TRACK26

スクリプト

W : Director! I'm from the Movie Press. Have you already finished filming "Space Wars Ⅱ"?

M : Oh, yes. My long-cherished dream has come true.

W : What is the story like?

M : That's a secret. But I couldn't ask for more.

日本語訳

W : 監督！ムーヴィー・プレスの者です。"スペース・ウォーズⅡ" の撮影はもう終わったのですか？

M：ああ、そうだよ。私の長年望んでいた夢が叶ったんだ。
W：ストーリーはどのようなものなのでしょうか？
M：それは秘密だよ。でもこれ以上が望めないくらい最高さ。

問1…女性は、自ら「ムーヴィー・プレスの者です」と名乗っていることから、雑誌記者の線が濃い。カメラマンかどうかはこの会話からは判断できないが、このような取材をするとは考えにくい。製作スタッフや助監督は監督にこのような内容の会話をするとは考えられない。
　　　よって答えは (D)。

問2…男性の最初のセリフに「My long-cherished dream has come true.」というのがあり、「長年抱いてきた夢が叶った」とある。内容が合う選択肢は (B)。

問3…監督の最後のセリフに But I couldn't ask for more. というものがある。これは
　　　　　I　　couldn't　　　ask for　more.
　　　　　私は　できないだろう　求める　　さらに
となり、「これ以上は望めないだろう」という意味である。
選択肢で内容に合うものは (B)。

2.

(1)　　　　　　　　　　　　　　　　　　　　TRACK27

スクリプト

W：Housekeeping. Can I help you?
M：Yes, my room number is 207. I have a suit to be pressed before 6:00 this evening.

W : Certainly, sir. I'll send someone up right away.
M : Thank you.

日本語訳
W : 客室整備部です。ご用件をどうぞ。
M : はい。私の部屋番号は 207 です。夕方 6 時前にプレスして頂きたいスーツがあるのですが。
W : かしこまりました、サー。担当にすぐにとりに行かせますので。
M : ありがとう。

《設問文および選択肢訳》
問 1　この会話はどこで起こっているのでしょうか
　（A）空港
　（B）ホテル
　（C）ランドリー
　（D）男性の家

問 2　何時前にスーツをプレスされる必要があるのでしょう
　（A）4:00
　（B）5:00
　（C）6:00
　（D）7:00

問 3　どのようにして客室整備部はスーツを得るのでしょう
　（A）客室整備部が担当者を男性の部屋に送る。
　（B）男性がスーツを客室整備部に持っていく。
　（C）フロントに電話する。
　（D）何も述べられていない。

問1…「この会話はどこで起こっているでしょう」"私の部屋番号は207"であることから、いくつも部屋がある建物とわかる。冒頭に"客室整備部"と"客室"となっていることから、"私"は客であり、住んでいるのではないとわかる。選択肢で適切なものを探すと、(B)のA hotelが、部屋を客に提供するものとしてはふさわしい。

問2…「何時前にスーツをプレスされる必要があるか」男性の会話に"I have a suit to be pressed before 6:00 this evening."というのがある。直訳すると「私は今日の夕方6時前にプレスされるべきスーツを持っている」とあり、要するにプレスしてもらいたい、という意味である。

時刻は(C)の6:00前が正解。

問3…「どのようにして客室整備部はスーツを得るのでしょう」会話から、客室整備部が誰かを客の部屋まで取りに行かせる、とあるので、正解は(A)となる。

(2)   ☺TRACK28

スクリプト

W：Does this bus go to The Nelson Hospital?

M：Yes, it does. Step up.

W：What's the fare?

M：60 cents. Deposit the fare in the slot, please.

日本語訳

W：このバスはネルソン病院に行きますか？

M：はい、行きますよ。ステップを上がってください。

W：料金はいくらですか？

M：60セントです。料金をスロットに正しく入れてください。

《問題文および選択肢訳》
問1　女性はどこに行きたいのですか
　(A)　ウィルソン病院
　(B)　デルソン病院
　(C)　ウェルソン病院
　(D)　ネルソン病院

問2　ネルソン病院までの運賃はいくらですか
　(A)　16セント
　(B)　50セント
　(C)　60セント
　(D)　90セント

問3　運転手は女性に
　(A)　前もって運賃を支払ってほしい。
　(B)　運賃を降り際に払ってほしい。
　(C)　定期券を見せてほしい
　(D)　プリペイドカードで支払ってほしい

問1…「女性はどこに行きたいのですか」女性は「このバスはネルソン病院に行きますか」と言っているので、正解は (D) の The Nelson Hospital である。
　　選択肢の中には紛らわしいものもあるので、会話を聞く前にチラリと問題を見ておいて、心の準備をしておくといい。
問2…「ネルソン病院までの運賃はいくらですか」(C) の60セントですね。あえて言えば、16セント (sixteen cents) と聞き間違え

ないように。

問3…「運転手は女性に〜してほしい」(A)は前払い、(B)は後払い、(c)は定期券を見せてほしい、(d)は運賃をプリペイドカードで払ってほしい、であるが、Deposit the fare in the slot, please. と言っていることから、"料金をスロットに正しく入れてください" という意味になり、(A) の前払いが正解。ちなみに deposit は「物を場所に正確に置く」という意味がある。

(3)　　　　　　　　　　　　　　　　　☺ TRACK29

スクリプト

M : Jane, I wonder what I should wear today.

W : You said that you are gonna make a presentation today, didn't you?

M : That's right. I want to look nice.

W : How about this? I'm positive you'll feel confident in this suit.

M : Umm…O.K. This is the one.

日本語訳

M : ジェーン、私は今日何を着ようかな。

W : あなた、今日プレゼンをするって言ってなかった？

M : そうなんだ。いい感じに見せたいんだよ。

W : これなんかどう？このスーツなら、自信を感じることうけあいよ。

M : うーん…よし。これだ。

《設問文および選択肢訳》

問1　男性の悩みは

(A) 服を買うに十分なお金がない。
(B) 何を着ていったらよいか決められない。
(C) 彼のガールフレンドがアドバイスしすぎる。
(D) 彼がいいプレゼンテーションをするか否か。

問2　彼のガールフレンドの名前は何でしょう。
(A) June
(B) Janis
(C) Jane
(D) Jeniffer

問3　結局彼はどんな服を選んだのでしょう。
(A) とても派手なスーツ
(B) 暗い色をしたスーツ
(C) コートとヴェスト
(D) 何も言及されていない

問1…「男性の悩みは～である」という問題。男性のセリフから、男性がどんな服を着ようかな、と迷っていること、いい感じに見せたい気持ちであることなどが語られているので、(B)の"何を着たらよいか決められない"が正解。

問2…これは冒頭の一言なので聞き逃したら終わりという厳しい問題。是非もう一度CDを聴いてみていただきたい。正解は(C)のJaneである。

問3…「男性は結局どんな服を選んだのか」残念ながらこの会話からは、スーツを着たということしかわからない。よって(D)のnothing mentionedとなる。

(4)　　　　　　　　　　　　　　　　　　　TRACK30

スクリプト

M : Welcome! It's time for big savings in winter clothes. Until 3:15, everything in this corner is 20 percent off!
W : Is this stylish sweater also on sale?
M : Of course! Take it or leave it!
W : I'll take it!

日本語訳

M：いらっしゃい！冬物の大幅値下げの時間ですよ！3時15分まで、このコーナーの全ての商品が20％引き！
W：この素敵なセーターも値引き価格で売ってるの？
M：もちろん！さあ、どうしますか！
W：頂くわ！

《設問文および選択肢訳》

問1　セールは何時まで続きますか。
　（A）3時15分前
　（B）3時15分過ぎ
　（C）3時半
　（D）3時ちょうど

問2　スタイリッシュなセーターは何％値引きされるのですか。
　（A）5％
　（B）10％
　（C）15％
　（D）20％

問3　結局女性は
　(A) セーターを買わない。
　(B) セーターを買うのをためらっている。
　(C) セーターをすぐに買う。
　(D) セーターとジャケットを買う。

問1…「何時までセールは続くのか」男性の1行目のセリフにUntil 3: 15, everything in this corner is 20 percent off! というのがある。3:15 までということなのだが、選択肢には素直に3:15 とは書かれていない。覚えておいて頂きたいのは、
　○A quarter to three→　3時15分前
　○A quarter past three→　3時15分過ぎ
という言い方があるのである。正解は(B)の A quarter past three である。

問2…「スタイリッシュなセーターは何％値引きされるのか」女性の最初のセリフである「このスタイリッシュなセーターも値引きして売られるの？」に対し、男性は「もちろん！Take it or leave it！（持っていくか置いていくか→"さあ、どうしますか"と決断を迫る表現）」と言っているので、20％引きで売るということである。正解は (D)。

問3…「結局女性は〜」という問題。女性は I'll take it！とすぐに買ったことから、正解は (C)。

(5)　　　　　　　　　　　　　　　　　　　　☺TRACK31

スクリプト
　M : Three teriyaki-burgers and two cups of coffee, please.
　W : For here, or to go?
　M : To go, please.

67

W : Cream and sugar with your coffee?
M : No, thanks

日本語訳
M：テリヤキバーガー3つと、コーヒー2杯、お願いします。
W：こちらでお召し上がりですか？お持ち帰りですか？
M：持ち帰ります。
W：コーヒーにミルクと砂糖はお付けしますか？
M：いや、結構です。

《設問文および選択肢訳》
問1　男性は何を注文しましたか。
　　（A）テリヤキバーガー2つと珈琲2杯。
　　（B）テリヤキバーガー3つと珈琲3杯。
　　（C）テリヤキバーガー2つと珈琲3杯。
　　（D）テリヤキバーガー3つと珈琲2杯。

問2　どこで男性は買ったものを食べ、飲むのでしょう。
　　（A）ファストフードのレストラン。
　　（B）日本料理のレストラン。
　　（C）喫茶店。
　　（D）どこかレストランの外。

問3　男性は珈琲にミルクと砂糖を加えますか。
　　（A）はい、加えます。
　　（B）いいえ、加えません。
　　（C）はい、でも1杯だけにです。
　　（D）彼がブラックが好きなのか、ミルクと砂糖をどこかほかで調

達するのかはわからない。

問1…男性の冒頭のセリフで"Three teriyaki-burgers and two cups of coffee, please."と言っているので、正解は (D)。

問2…この問題は、会話中のW: For here, or to go? M: To go, please. の意味がわかるかにかかっている。"For here, or to go"は"こちらでお召し上がりですか？お持ち帰りですか？」という意味。"To go, please."は、go なので「持ち帰ります」と言っている。どこへ持って行くのかは言及されていないため、正解は (D) の「どこかレストランの外」となる。

問3…表面的に見れば、ミルクと砂糖を断ったのであるから、それらは不要なものに見える。しかし、もしかしたら家に持って返って、自分のミルクと砂糖を珈琲に入れるのかも知れない。そこの事情はわからないので、正解は (D) となる。

3.

(1) TRACK32

スクリプト

M : How about going out for dinner around 6:30?
W : I'm not in the mood to go out today.

日本語訳

M : 6時半ごろ、ディナーを外へ食べに行くのはどうだい？
W : 今日は外出する気分じゃないの。

　　イラスト1：時計が7時半を指している。

イラスト2:2人が正装で食事をしている。
　　　イラスト3:女性が首を横に振っている**(正解)**

≪ポイント≫
　be in the mood to〜で「〜する気がある、したい」

(2)　　　　　　　　　　　　　　　　　　☺TRACK33
　スクリプト
　M:How cold is it now?
　W:You'll need a cardigan at least.

　日本語訳
　M:今、どのくらい寒い?
　W:少なくともカーディガンは要るわね。

　　　イラスト1:体温計を口にさして寝ている女性
　　　イラスト2:カーディガン**(正解)**
　　　イラスト3:誕生日ケーキのろうそくを吹き消している女の子

≪ポイント≫
　天候を表すitが使われている。イラスト1はcoldを風邪とまちがえることを狙ったもの。イラスト3はHow oldとまちがえることを狙ったもの。

(3)　　　　　　　　　　　　　　　　　TRACK34

スクリプト

M：Would you mind if I open the window?
W：No. But only a little, please.

日本語訳

M：窓を開けてもかまいませんか？
W：はい。でも少しにしてくださいね。

　　　イラスト１：窓に手をかける男性と、首を横に振る女性
　　　イラスト２：窓を４分の１くらい開ける男性 **(正解)**
　　　イラスト３：窓を全部開ける男性

≪ポイント≫

　Would you mind if I open the window? は、直訳すれば「私が窓を開けたら、あなたは気にしますか」であるので、別に気にしないのであれば No、気にするのであれば Yes と答える。

(4)　　　　　　　　　　　　　　　　　TRACK35

スクリプト

W：Are you ready to order?
M：I'll have coffee and sandwiches, please.

日本語訳

W：ご注文はお決まりですか？
M：コーヒーとサンドイッチをお願いします。

　　　イラスト１：レモンティー（レモンがグラスにささっている）

　　　　　とドーナツ
　　　イラスト2：ミルクと食パン1枚
　　　イラスト3：コーヒーと三角サンドイッチ**（正解）**

≪ポイント≫
喫茶店の朝が想像できたでしょうか？

(5) 　　　　　　　　　　　　　　　☺ TRACK36
スクリプト
M：Good morning. What's the problem?
W：I have a bad stomachache.

日本語訳
M：おはよう。どうかしたか？
W：腹痛がひどいの。

　　　イラスト1：医師の前でお腹を押さえている女性**（正解）**
　　　イラスト2：医師の前で頭を押さえている女性
　　　イラスト3：医師の前で脚を押さえている女性

≪ポイント≫
　他にも headache（頭痛）backache（背中の痛み、腰痛）heartache（心痛、悲嘆）などをチェック！

(6) 　　　　　　　　　　　　　　　☺ TRACK37
スクリプト
M：Jennifer, do you have a good recipe for pumpkin pie?
W：Yes. My grandmother taught me a nice one.

日本語訳

M：ジェニファー、かぼちゃのパイのいいレシピがあるかい？
W：ええ、おばあちゃんがいいのを教えてくれたわ。

　　イラスト１：生地をこねるおばあさんと、それを見ている孫娘
　　　　　　　（正解）
　　イラスト２：男性シェフに教わっている女性
　　イラスト３：お店でパイを買っている女性

≪ポイント≫
　　女性の taught me が聞き取りづらかったかも。

(7)　　　　　　　　　　　　　　　　　　　　　　TRACK38

スクリプト

M：Why don't you go to another doctor and get a second opinion?
W：But I rely on my doctor, and in addition to that, his clinic is near my house.

日本語訳

M：別の医者に行って、セカンドオピニオンを聞いたらどうだい？
W：でも私は今の医師を頼っているの、それに、クリニックは家のすぐ近くだし。

　　イラスト１：２人の医師（一方は薄い絵）の濃いほうに意見を聞いている
　　イラスト２：映画館で、２人の頭越しに、スクリーンでライオ

ンが吠えている。
イラスト3：家の近くにクリニックがある **(正解)**

≪ポイント≫
in addition to～「～に加えて」

(8)　　　　　　　　　　　　　　　　　　　　☺TRACK**39**

スクリプト

M：I use a lot of bookstores on the Web. How about you?
W：I rarely use them. I usually go to the bookstore near the office.

日本語訳

M：私はウェブ上のたくさんの書店を使うけど、君はどう？
W：私はほとんど使わないわ。普通はオフィスの近くの書店に行くの。

イラスト1：男性が書店に入っているところ
イラスト2：男性と女性が書店に入っているところ
イラスト3：女性が書店に入っているところ **(正解)**

≪ポイント≫
rarely（ほとんど～ない）を覚えよう。

(9)　　　　　　　　　　　　　　　　　　　　☺TRACK**40**

スクリプト

M：I never liked studying English when I was a kid. I used to play in the park.

W：Really? Studying English was my hobby in my childhood.

日本語訳
M：私は子供の頃、英語を勉強するのがちっとも好きじゃなかった。よく公園で遊んだものさ
W：本当？英語を勉強するのは、子供の頃の私の趣味だったわよ。

イラスト１：女の子がアメリカ人の女性とABC…を学んでいるところ**（正解）**
イラスト２：女の子と男の子がアメリカ人の女性とABC…を笑顔で学んでいるところ
イラスト３：男の子が楽しそうに英語の本を読んでいるところ。

≪ポイント≫
used to（〜したものだ）を確認しよう。

(10) TRACK41

スクリプト
M：We need to talk to Bob.
W：He is on his way here.

日本語訳
M：我々はボブと話をする必要がある。
W：彼はここへ向かってるわ。

イラスト１：ボブが部屋のノブを握って、入ろうとしているところ**（正解）**

イラスト2：ボブが同僚とダベっているところ
イラスト3：ボブが外でサンドイッチを食べているところ

≪ポイント≫
　会話だけでは、男性と女性が部屋にいるかはわからないので、イラスト1が正解とはぴんとこないかも知れないが、あとの2つのイラストが明らかにこれから男性と女性のところにいく絵ではないので、1が正解。

第4章
もっと長い文にチャレンジ！

第2章で細かい発音の規則や、自然な音の崩れなどを学びましたので、今回はそれがどの程度生かされるか、もっと長い文で徹底練習しましょう。

　これは、同時通訳を目指す方がやっているといわれる、サイトトランスレーションと呼ばれるものです。

　英語は日本語と語順が違います。学生時代にやっていたような返り読みをしていては、英語を頭から理解することなど難しいですね。サイトトランスレーションは、英語を英語の語順で理解することを第1目標とします。

　下記の手順に従って一度やってみましょう。

① CDの英語を聴く
② ある程度聞いたら、《words》を読んで重要単語を確認する。
③ もう1度英語を聞く（①より理解度は増したでしょうか）。その際、スクリプトを参考にしてもよい。
④ 文にスラッシュ（／）の入ったものを見る。CDをスラッシュのあるところで一時停止しながら、短い単位でリピート、または日本語に訳していく（これができそうでできないんだ！）大切なのは、**文を頭から理解すること**。日本語に訳するのが難しかったり旧来の癖が出てしまったりする方は、リピートが良いかも知れません。
⑤ 何度も練習してスラスラできるようにする。
⑥ ①の文章をもう一度聴き、音読で仕上げる。

　最初のうちは、『○○said』までがわかるくらいでも、自分に拍手を送りましょう。大事なのは、全体の大枠をつかみ、それから細かな数字などを聞き取って行くことです。

　それではやってみましょう。
　次ページを見てください。

1. 🙂 TRACK**42**

Even minor cuts can become infected if they are left untreated. Any break in the skin can let bacteria enter the body. An increasing number of bacterial skin infections are resistant to antibiotic medicines. These infections can spread throughout the body.
But taking good care of any injury that breaks the skin can help prevent an infection.

（VOA より引用）

《Words》
infect　感染させる　　bacteria　バクテリア　　be resistant to　抵抗力がある
antibiotic　抗生物質の薬

《日本語訳》
　ほんの小さな傷口さえも、手当てをしないで放っておくと感染してしまう可能性がある。皮膚のどんなきずでも、バクテリアを体内に入れさせてしまうかも知れない。ますます多くの、バクテリアによる皮膚の感染は、抗生物質の薬に対し抵抗力をもっている。これらの感染は身体中に広がりうる。しかし、皮膚を損傷させたどんな傷でも、良くケアすることで感染を防ぐ手助けをすることができるのである。

Even minor cuts can become infected / ☺ TRACK43

if they are left untreated. /

Any break in the skin /

can let bacteria enter the body. /

An increasing number of bacterial skin infections /

are resistant to antibiotic medicines. /

These infections can spread throughout the body. /

But taking good care of any injury /

that breaks the skin /

can help prevent an infection. /

ほんの小さな傷口さえも感染してしまう可能性がある、

手当てをしないで放っておくと。

どんな皮膚のきずでも、

バクテリアが体内に入ってくるのを許すかも知れない。

ますます多くのバクテリアによる皮膚の感染が、

抗生物質の薬に対し抵抗力をもっている。

これらの感染は身体中に広がる可能性がある。

しかしどんな傷でも良く手当てすることは、

（その傷は）皮膚を損傷させるものだが、

感染を防ぐ手助けになることができる。

2. 　　　　　　　　　　　　　　　　🙂 TRACK44

McDonald's, the fast-food company, is heating up competition with the Starbucks Coffee Company. McDonald's plans to put coffee bars in its fourteen thousand restaurants in the United States. Fewer than a thousand now offer specialty coffee drinks like lattes and cappuccinos.

Just like Starbucks, each coffee bar would have its own barista, the person who makes and serves the drinks. Company documents reported by the Wall Street Journal said the plan would add one billion dollars a year in sales.

（VOA より引用）

《Words》
heat up　激化する　　competition　競争　　fewer than　～より少ない
specialty　特別の、特殊の

《日本語訳》
　ファーストフード企業のマクドナルドは、スターバックスコーヒー社との競争を激化させている。マクドナルドは全米の1万4千店にコーヒーバーを設置する計画だ。現在は1000に満たない店舗で、ラテやカプチーノなどの特別なコーヒーを提供している。
　スターバックスと同じように、それぞれのコーヒーバーにはバリスタと呼ばれる、コーヒーを作って出してくれる人物が配置されるであろう。ウォールストリートジャーナルで報道された社の資料では、このプランは1年で売り上げを10億ドル上乗せするものだという。

McDonald's, the fast-food company, / 🙂 TRACK **45**

is heating up competition with the Starbucks Coffee Company. /

McDonald's plans to put coffee bars /

in its fourteen thousand restaurants in the United States. /

Fewer than a thousand now offer /

specialty coffee drinks like lattes and cappuccinos.

Just like Starbucks, each coffee bar would have its own barista, /

the person who makes and serves the drinks. /

Company documents reported by the Wall Street Journal said /

the plan would add one billion dollars a year in sales. /

マクドナルドはファーストフード会社であるが、

スターバックスコーヒー社との競争を激化させている。

マクドナルドが計画しているのはコーヒーバーを置くことであり、

それは全米14,000店舗にである。

1,000に満たない店舗で現在提供しているのは、

特別なコーヒーで、ラテやカプチーノなどである。

スターバックスと同じく、各店舗にそれぞれのバリスタを置く。

それはコーヒーを淹れ、出してくれる人のことである。

会社の資料は、ウォールストリートジャーナルが報道したところによると、

このプランは10億ドルを1年の売上げに上乗せするという。

3. ☺ TRACK46

This is in Japan. It is one of the most photographed mountains in the world. It is Mount Fuji on the island of Honshu. The Japanese call it Fujisan and they say it with love and honor.

Mount Fuji is a sleeping volcano about three thousand seven hundred meters high. It is the tallest mountain in Japan. Since ancient times, the Japanese people have considered it a holy mountain. It has also been the favorite subject of thousands of artists. Its picture has even appeared on Japanese money.

（VOA より引用）

《Words》
honor 名誉　　volcano 火山　　ancient 古代の　　holy 聖なる

《日本語訳》
　これは日本にある。世界でもっとも写真に撮られた山の1つだ。本州という島にある、マウントフジである。日本人は富士山と呼び、愛と名誉を込めるのだ。
　マウントフジは約3,700メートルの高さの休火山である。日本でもっとも高い山だ。古代から、日本人はこれを聖なる山と考えてきた。また、数千もの芸術家のお気に入りの題材にもなってきた。その絵は日本のお金にすら現れている。

This is in Japan./　　　　　　　　　　　　☺ TRACK**47**

It is one of the/

most photographed mountains in the world./

It is Mount Fuji on the island of Honshu./

The Japanese call it Fujisan/

and they say it with love and honor./

Mount Fuji is a sleeping volcano/

about three thousand seven hundred meters high./

It is the tallest mountain in Japan./

Since ancient times,/

the Japanese people have considered it/

a holy mountain./

It has also been the favorite subject/

of thousands of artists./

Its picture has even appeared/

on Japanese money./

これは日本にある。

それは1つだ、

世界でもっとも写真に撮られた山の中の。

本州という島にある、マウントフジである。

日本人はそれを富士山と呼び、

愛と名誉を込めて言うのである。

マウントフジは休火山であり、

約3,700メートルの高さがある。

日本で一番高い山である。

古代から、

日本人はそれをこう考えてきた、

聖なる山と。

また、お気に入りの題材にもなってきた、

数千もの芸術家の。

その絵は現れている、

日本のお金にすら。

4. 🙂 TRACK 48

The World Health Organization is urging countries to follow six policies to prevent millions of tobacco-related deaths. The six policies are known as MPOWER, spelled M-P-O-W-E-R.

The M is for monitoring tobacco use and prevention policies. The P is for protecting people by establishing smoke-free areas.

O stands for offering services to help people stop smoking. W is for warning people about the dangers of tobacco.

E is for enforcing bans on tobacco advertising and other forms of marketing. And R is for raising taxes on tobacco.　　(VOAより引用)

《Words》
urge 強く主張する　　policy 方針　　prevent 避ける　　monitor 監視する　　stand for ～（略語が）～を表す　　warn 警告する　　enforce 実施する　　ban 禁止　　raise 上げる

《日本語訳》
　世界保健機関（WHO）は、何百万ものタバコに関係する死亡を防ぐために、国々に対して6個の方針に従うよう強く主張している。この6個の方針はMPOWERとして知られており、綴りはM-P-O-W-E-Rである。
　Mはタバコの使用と予防の方針の監視（monitoring）のM。Pは煙のないエリアを作ることで人々を守る（protecting）のPである。
　Oは禁煙している人を助けるサービスを提供する（offering）意味を表わす。Wはタバコの危険を人々に警告する（warning）のW。
　Eはタバコの宣伝や、ほかの形の販売促進の禁止を実施する（enforcing）のE。そしてRはタバコ税の引き上げ（raising）のRである。

The World Health Organization/ ☺ TRACK **49**

is urging countries/

to follow six policies/

to prevent millions of tobacco-related deaths./

The six policies are known/

as MPOWER, spelled M-P-O-W-E-R./

The M is for monitoring tobacco use and prevention policies./

The P is for protecting people/

by establishing smoke-free areas./

O stands for/

offering services to help people stop smoking./

W is for warning people about the dangers of tobacco./

E is for enforcing bans/

on tobacco advertising/

and other forms of marketing.／

And R is for raising taxes on tobacco.／

世界保健機関は、

国々に強く主張している、

6個の方針に従うように。

それは、何百万ものタバコに関係した死を防ぐためにである。

6つの方針はこう知られている、

MPOWER として、スペルは M-P-O-W-E-R としてである。

M は、タバコの使用と予防の方針の監視（monitoring）の M。

P は、人々を守るの P で、

煙のないエリアを作ることで（なされる）。

O が表すのは、

禁煙している人を助けるためにサービスを提供することである。

Wは、人々にタバコの危険を警告するのW。

Eは、禁止を実施するのE。

それはタバコの宣伝や、

ほかの形の販促活動をである。

Rは、タバコ税を上げるのRである。

5. 🙂 TRACK 50

Sandra Bullock is one of the most popular movie stars in America. She is especially famous for her work in funny love stories. But she has also proven herself a fine dramatic actress in movies like "Crash," and "Infamous."

Sandra Bullock began performing as a young girl, often in music shows with her mother. She was involved in theater in high school. Then she studied acting at East Carolina University in Greenville, North Carolina.

(VOA より引用)

《Words》
proven　prove（証明する）の過去分詞形　　crash　衝突、破壊　　infamous　悪名高い
perform　演じる、演奏する　　be involved in　関わる

《日本語訳》
　サンドラ・ブロックは、アメリカでもっとも人気のある映画スターの1人である。彼女は特に、面白おかしいラヴストーリーの作品で有名である。でも彼女はまた "Crash" や "Infamous"（どちらも日本未公開）で、彼女自身が素晴らしい、ドラマチックな女優であることを証明したのだ。
　サンドラ・ブロックは演技を始めたのは、少女の時にであり、しばしば母と音楽ショーの中であった。彼女は高校で演劇に関わりを持った。それから彼女はノースキャロライナのグリーンヴィルにあるイーストキャロライナ大学で演技を勉強したのである。

Sandra Bullock /   ☺ TRACK**51**

is one of the most popular movie stars in America.

She is especially famous for /

her work in funny love stories. /

But she has also proven herself /

a fine dramatic actress in movies like "Crash," and "Infamous."

Sandra Bullock began performing as a young girl, /

often in music shows with her mother. /

She was involved in theater in high school. /

Then she studied acting /

at East Carolina University in Greenville, North Carolina.

サンドラ・ブロックは、

アメリカでもっとも人気のある映画スターの1人である。

彼女が特に有名なのは、

面白おかしいラヴストーリーの作品である。

しかし彼女は証明した、

"Crash"や"Infamous"のような映画で、素晴らしくドラマチックな女優であることを。

サンドラ・ブロックは少女の時に演技を始めた、

しばしば音楽ショーで、母と。

彼女は高校で演劇に関わりを持った。

それから彼女は演技を勉強した、

ノースキャロライナのグリーンヴィルにあるイーストキャロライナ大学で。

6.

Many jobs must be done with two people. One person takes the lead. The other helps. It is this cooperation that brings success.

So it is with the human body. Much of our good health depends on the cooperation between substances. When they work together, chemical reactions take place smoothly. Body systems are kept in balance.

Some of the most important helpers in the job of good health are the substances we call vitamins.

(VOA より引用)

《Words》
substance 物質　chemical 化学の　reaction 反応　take place 起こる
in balance　バランスよく

《日本語訳》
　たくさんの仕事は2人で行われなければならない。1人がリードを取り、もう1人が助ける。この協力が成功をもたらすのである。
　それは人間の身体についても然り。我々の健康のかなりを物質間の協力に依存している。それらが一緒に働いた時、化学反応がスムーズに起こる。身体のシステムがバランスよく保たれるのである。
　健康という仕事のもっとも重要なヘルパーのいくつかは、我々がビタミンと呼ぶ物質である。

Many jobs must be done / ☺ TRACK**53**

with two people. /

One person takes the lead. /

The other helps. /

It is this cooperation /

that brings success. /

So it is with the human body. /

Much of our good health depends on /

the cooperation between substances. /

When they work together, chemical reactions take place smoothly. /

Body systems are kept in balance. /

Some of the most important helpers /

in the job of good health are the substances /

we call vitamins. /

たくさんの仕事はなされなければならない

2人で

1人がリードを取り

もう1人が助ける

それはこの協力である

成功をもたらすのは。

人間の身体も然り。

健康のかなりを依存しているのは

物質同士の協力である。

それらが協力して働く時、化学反応がスムーズに起こる

身体のシステムがバランスよく保たれる。

最も重要なヘルパーのいくつかは

健康という仕事の中であるが、ある物質である

我々がビタミンと呼ぶものである。

7. 🙂 TRACK**54**

The song, "Hound Dog," was one of Elvis Presley's most popular records. It sold five million copies in nineteen fifty-six. Music industry experts say more than one thousand million of Elvis's recordings have sold throughout the world. He was a success in many different kinds of music—popular, country, religious, and rhythm and blues.

He never performed outside the United States, except for three shows in Canada. Yet, his recordings and films have been, and are still, enjoyed by people all over the world. （VOA より引用）

《Words》
music industry　音楽産業　　copy　〜部、枚　　recordings　録音物（レコード）
yet　にもかかわらず　　still　今もなお

《日本語訳》
　"ハウンドドッグ"という歌はエルヴィス・プレスリーのもっとも人気のあるレコードの1つだった。1956年に500万枚を売り上げた。音楽業界のエキスパートは、エルヴィスのレコードの10億枚以上が世界中で売れたと言っている。彼は音楽のたくさんの違った種類での成功者だった…ポピュラー、カントリー、宗教、そしてリズムアンドブルース。
　彼はカナダの3回のショーを除いては、アメリカ合衆国の外では演奏しなかった。にもかかわらず、彼のレコードや映画はずっと、そして今もなお、世界中の人々に楽しまれているのである。

The song, "Hound Dog," was / 🙂 TRACK**55**

one of Elvis Presley's most popular records. /

It sold five million copies in nineteen fifty-six. /

Music industry experts say /

more than one thousand million of Elvis's recordings /

have sold throughout the world. /

He was a success in many different kinds of music /

—popular, country, religious, and rhythm and blues. /

He never performed outside the United States, /

except for three shows in Canada. /

Yet, his recordings and films have been, /

and are still, /

enjoyed by people all over the world. /

"ハウンドドッグ" という歌は

エルヴィス・プレスリーのもっとも人気のある歌の1つだった。

それは1956年に500万枚を売り上げた。

音楽業界のエキスパートが言うには

エルヴィスのレコードの10億枚以上が

世界中で売れた。

彼は音楽のたくさんの違った種類での成功者だった

ポピュラー、カントリー、宗教、そしてリズムアンドブルース。

彼はアメリカ合衆国の外では演奏しなかったけれども

カナダでの3回のショーを除いては

にもかかわらず彼のレコードや映画はずっと

そして今もなお

世界中の人に楽しまれている。

We can!

第5章
問題をやってみようPART2

サイトトランスレーションがどれだけ身についているか、PART1 より長い文章を聞いて問題にチャレンジしてみましょう。聞き取れなくても心配は要りません。何度も何度も聞くことによって、今までつけた実力が芽を出してくるはずです。頑張ってください！

1. 　　　　　　　　　　　　　　　　　　　　　　　☺TRACK56
（1）金星の気候は
　（A）地球と似ている。
　（B）空は晴れているが、気温は摂氏 100 度に手が届く。
　（C）雲に覆われていて、気温は摂氏 400 度に手が届く。
　（D）雲に覆われていて、気温は華氏 400 度に手が届く。

（2）金星の大気は
　（A）厚く、地表の気圧は地球の 50 倍ある。
　（B）厚く、地表の気圧は地球の 100 倍ある。
　（C）薄く、地表の気圧は地球の 50 分の 1 である。
　（D）薄く、地表の気圧は地球の 100 分の 1 である。

（3）ヴィーナス・エクスプレス・スペース車両は、
　（A）金星の地質を調べるのが目的で、科学者は惑星を理解するため重要と言っている。
　（B）金星の地質を調べるのが目的だが、科学者はもっと大切なことがあると言っている。
　（C）金星の大気を調べるのが目的だが、科学者はもっと大切なことがあると言っている。
　（D）金星の大気を調べるのが目的で、科学者はこの惑星を理解するため重要と言っている。

2.

(1) 2001年に、カナダの発明家の
　(A) ジョック・ブラニス
　(B) ジャック・ブラニス
　(C) ジョック・ブランディス
　(D) ジャック・ブランディス
　　が手動のピーナツ殻むき機を作った。

(2) その殻むき機で1時間にむけるピーナッツは、
　(A) 約45キロ
　(B) 約54キロ
　(C) 約56キロ
　(D) 約65キロ

(3) フル・ベリー・プロジェクトというのは、
　(A) 発明家の技術コンテストであると推測される。
　(B) 途上国に役立つ技術の提供であると推測される。
　(C) カナダが資金調達のために行う技術売買と推測される。
　(D) 今年の国連の活動の1つと推測される。

3.
(1) プラシーボとは、
　(A) 薬物に似ているが、本物の薬は若干しか入っていない。
　(B) 普通の薬物より多くの成分が含まれている。
　(C) 普通の薬物よりも高い効果が証明されている。
　(D) 健康上証明された効果は全くない。

(2) 研究によれば、多くのアメリカの医師は、
　(A) プラシーボを患者が思うほど使っていない。
　(B) いわゆる精神と身体の関連を信じている。
　(C) 身体は必ずしも感じたとおりに反応しないと思っている。
　(D) プラシーボは危険だと思っている。

(3) 研究の成果は、
　(A) 公表されない。
　(B) インターネットで公表される。
　(C) 学会誌で公表される。
　(D) 公表は未定である。

4.

(1) インフルエンザのウィルスは、本文が言うところによると、
　　（A）不衛生な治療環境で増殖する。
　　（B）感染した人が突然空気を吐き出すことで空気を伝って広がる。
　　（C）人の皮膚につくことで悪化する。
　　（D）インフルエンザが患者を死亡させることはない。

(2) インフルエンザの症状で、本文にないものは、
　　（A）吐き気
　　（B）筋肉の痛み
　　（C）突然の高熱
　　（D）呼吸障害

(3) 毎年インフルエンザで亡くなっているのは、
　　（A）2,500人〜5,000人
　　（B）25,000人〜50,000人
　　（C）250,000人〜500,000人
　　（D）2,500,000人〜5,000,000人

5. 　　　　　　　　　　　　　　　　　　😊 TRACK60
（1）昨年の平均の給料は、
　　（A）正教授（full professors）は1万9千ドルだった。
　　（B）准教授（associate professors）は7万ドルだった。
　　（C）助手（assistant professors）は4万9千ドルだった。
　　（D）年鑑には掲載されていない。

（2）助手は昨年、
　　（A）ビジネスや金融業務で働く人より多く稼いだ。
　　（B）ビジネスや金融業務で働く人より稼ぎが少なかった。
　　（C）コンピュータープログラマーより多く稼いだ。
　　（D）コンピュータープログラマーより稼ぎが少なかった。

（3）もっとも給料のいい職種は、
　　（A）弁護士である。
　　（B）そのほかの法律家である。
　　（C）管理職だった。
　　（D）芸能人だった。

6. ☺ TRACK**61**

(1) What did seventy-five thousand fans gather to celebrate?
   (A) Two baseball players were allowed to get into the Hall of Fame.
   (B) Three basketball players were admitted to be into the Hall of Fame.
   (C) A baseball player was selected as Most Valuable Player.
   (D) Four baseball players leaded their team to victory.

(2) What did Gywnn say?
   (A) Professional baseball has more or less the dark side.
   (B) Professional baseball player must make a great effort to win.
   (C) Professional baseball has something beyond just playing.
   (D) Professional baseball player tries to do the right things.

(3) What did Ripken say?
   (A) Players must be public standards even if they don't like it.
   (B) Players may act as they like.
   (C) One of the problem is that there are hard-workers or non hard-workers.
   (D) Players must show children that the harder you practice, the more excellent player you would be.

7. 　　　　　　　　　　　　　　　　　　　🙂 TRACK**62**

(1) What did Jim do when he was 10?
   (A) He sent a letter to a TV show requesting a song.
   (B) He sent a letter asking himself to be on the TV show.
   (C) He sent a card encouraging the MC of the TV show.
   (D) He sent a card requesting a part of the TV show.

(2) Why did Jim's grade suffered when he was teen?
   (A) He was no time to study after school.
   (B) He had no energy to study after school.
   (C) He had to work in a factory after school.
   (D) He was eager to write a letter to the TV show.

(3) How much did the movie "Ace Ventura : When Nature Calls" earn?
   (A) 100,000,000 dollars
   (B) 10,000,000 dollars
   (C) 1,000,000 dollars
   (D) 100,000 dollars

8.   🙂 TRACK **63**

(8問目以降は少し長いですが、区切ってでもいいので頑張って聞いてみましょう)

(1) What is the problem?
  (A) Teachers earn too much money.
  (B) Students do not want to go home after school.
  (C) Programs have only long-term plan.
  (D) Schools have to pay for student to come to school.

(2) What does Robert Schaefer say?
  (A) Giving money to student is an effective incentive.
  (B) Schools do not have long time planning.
  (C) Paying will cause low-performances in a short run.
  (D) Schools should get rid of the pressure of improving test results.

(3) Why do schools try hard to make students get the good results?
  (A) Schools want to show improvements.
  (B) Teachers want their students to love studying.
  (C) Teachers want to help poor neighborhoods.
  (D) By the education reform law.

9. 　　　　　　　　　　　　　　　　TRACK64

(1) What do several recent studies say?
   (A) Human military activity reduced the number of sharks.
   (B) Large sharks' decrease bears unfindable sea animals.
   (C) Some kinds of fish are helped by decrease of sharks.
   (D) Sharks are replaced by other big sea animals.

(2) What do scientists say?
   (A) Fishing shark reduced the kind of sharks.
   (B) Skates and rays are explosively decreased.
   (C) West coast has many skates and rays.
   (D) Skates and rays are big fish.

(3) What is NOT true to the environment?
   (A) Shellfish is decreasing from the sea.
   (B) Skates and rays live on shellfish.
   (C) Skates and rays eat sharks.
   (D) Other sea animal are annoyed by the changing environment.

10. 　　　　　　　　　　　　　　　　　　TRACK**65**

(1) Who wrote the words to the songs of "West Side Story."?

　(A) Jerome Robbins

　(B) Arthur Laurents

　(C) Stephen Sondheim

　(D) Leonald Bernstein

(2) What is the story of "West Side Story" about?

　(A) The youth of teenager along the West Coast of America.

　(B) The fight between two gang groups in New York City.

　(C) The war between the New Yorkers and the Puerto Ricans.

　(D) The sarcastic feeling of American gang.

(3) What is true to "West Side Story"?

　(A) It describes the New York City in the 1960's.

　(B) The "Sharks" hated the "Jets" one-sidedly.

　(C) The Puerto Ricans didn't have mixed feelings.

　(D) The song "America" makes fun of some things of America.

> スクリプトと解答

1.　　　　　　　　　　　　　　　　　　　　🙂 TRACK**56**

Venus is a rocky world that is about the same size as Earth. But its climate is anything but Earth-like. It is a cloud-covered world where temperatures reach over four hundred degrees Celsius. The atmosphere of Venus is so thick that the pressure at the surface is about one hundred times that of Earth.

The European Space Agency's Venus Express space vehicle is exploring the planet's atmosphere in more detail than ever before.

The goal is to better understand the complex atmosphere of Venus. Space scientists say this is important for understanding more about the planet.

（VOA より引用）

《Words》
Venus　金星　　climate　気候　　anything but　決してない　　Celsius　摂氏　　atmosphere　大気　　surface　表面　　vehicle　車両

《日本語訳》
　金星は、地球とほぼ同じ大きさの、岩石の多い世界である。しかしその気候は地球似では決してない。それは気温が摂氏400度に手が届く、雲に覆われた世界だ。
　欧州宇宙機関のヴィーナス・エクスプレス・スペース車両は金星の大気を以前に増して詳細に調査している。

目的は、金星の複雑な大気を更に理解すること。宇宙科学者たちは、これは金星についてより理解するために重要だと語っている。

《解説と解答》
(1) 金星の気候は、1行目に But its climate is anything but Earth-like とある。anything は "どれでも"、but は "…を除いて" という意味があるので、「気候は地球似を除いてどれでもありうる」→「地球似ではありえない」という意味になる。よって(A)は間違い。
　2行目に It is a cloud-covered world where temperatures reach over four hundred degrees Celsius. とある。cloud-covered であるので「雲に覆われた」、temperatures reach over four hundred degrees なので「気温は400度に手が届く」、Celsius は「摂氏」(単語の意味はわからなくても、頭文字の℃で、我々が使う℃を連想してほしい。ちなみに華氏は Fahrenheit という)。よって正解は (C) である。

(2) 4行目に The atmosphere of Venus is so thick that the pressure at the surface is about one hundred times that of Earth. とある。"The atmosphere ～ is so thick" とあるから、答えは(A)か(B)のどちらか。the pressure at the surface is about one hundred times that of Earth. で気圧は地球の100倍と言っているため、正解は (B) となる。

(3) 3段落目で The goal is to better understand the complex atmosphere of Venus. と言っているので、調べているのは大気(2段落目にも同様の記述がある)。ちなみに better は well の比較級で「さらに良く」。続いて宇宙科学者は this is important for understanding more about the planet と言っている。これはこの惑星についてさらに理解するのに重要だ、と述べているので、目下のところ最重要課題と言える。したがって正解は (D) となる。

2. 🙂 TRACK57

Peanuts, or groundnuts, are an important crop in many developing countries. But getting them out of their shell is tiring without a machine.

In two thousand one, a Canadian inventor, Jock Brandis, designed a hand-powered peanut sheller for a village in Mali. In one hour it can shell about fifty-six kilograms of peanuts.

By the end of this year, twenty countries will be using the Universal Nut Sheller and other technologies from the Full Belly Project.

(VOA より引用)

《Words》
crop 作物　developing countries 発展途上国　tiring 骨が折れる　sheller 殻むき機
shell むく

《日本語訳》
　ピーナッツ、つまり南京豆(ナンキンマメ)は、多くの途上国では重要な作物である。しかし、それらを殻から出すのは、機械なくしては骨が折れる。
　2001年、1人のカナダ人発明家、ジョック・ブランディスは、マリ共和国の1つの村向けに、手動のピーナッツ殻むき機を設計した。それは1時間で約56キロのピーナッツをむくことができる。
　今年の終わりまでに、20カ国がユニヴァーサル・ナッツ殻むき機と他の技術をフル・ベリー・プロジェクトから使うことになるだろう。

《解説と解答》
(1) 2段落目に出てくる名前であるが、本書の第2章で母音の発音などを特訓した皆さんならおわかりだろう。ジョック・ブランディスの(C)が正解。ジャックなら、もっと口を開いて、アとエの中間の音を出すであろう。
(2) 2段落目の2行目に In one hour it can shell about fifty-six kilograms of peanuts. とある。fifty-six が聞き取れれば OK。正解は(C)の約56キロ。
(3) ポイントは1行目の developing countries と、第3段落目。新たに技術を導入する20カ国も、恐らく developing countries であろう。そこへプロジェクトから技術を導入することによって、tiring な作業が楽になるというのだから、選択肢の中から最も適するものを選ぶとすれば、(B)と考えられる。

3. 🙂 TRACK 58

Can thinking that you are receiving medication improve your health? A new study shows doctors in the United States ordered placebo treatments more commonly than patients were told. Placebos look like medicines, but contain no real drugs. They also have no proven effect on health. The study found that many of the doctors believed in what is called the mind-body connection. In other words, your body will react to the way you act, think and feel.

Results of the study were published this month in the Journal of General Internal Medicine.

(VOA より引用)

《Words》
medication 薬物　　what is called いわゆる　　General Internal Medicine 一般内科学

《日本語訳》
　薬物を与えられているという考えが健康を改善するだろうか？新しい研究は、アメリカの医師は患者が知らされているよりずっと広く一般的にプラシーボ治療を施していることを示している。プラシーボは薬物に似ているが、本物の薬は全く入っていない。また、健康上証明された効果は全くない。研究は医師の多くはいわゆる心身相関を信じていることを新たにした。言い換えれば、身体は行動し、考え、感じたように反応するだろうということだ。
　研究の結果は今月、一般内科学ジャーナルで発表されている。

《解説と解答》
(1)　4行目にPlacebos look like medicines, but contain no real drugs とあるので、プラシーボは contain no real drugs、つまり本物の薬は全く入っていない、となり、(A) はバツ。同じ理由から、(B) もバツ。同じく4行目に They also have no proven effect on health. とあるため、プラシーボには証明された効果は全くない、ということは、正解は (D)。これと正反対の (C) は誤り。

(2)　5行目に The study found that many of the doctors believed in what is called the mind-body connection. とある。医師の多くはいわゆる精神と身体の関連を信じている、ということである。投薬されていると信じていれば、それがプラシーボであっても気付かずに受け入れ、それが身体に作用し治癒していくということ。したがって正解は (B)。
　精神と身体の関連を信じているのだから (C) は誤り。

また、2行目に doctors in the United States ordered placebo treatments more commonly than patients were told.（患者が知らされている以上に普通に医師はプラシーボ治療を命じている）とあるので、逆の意味の（A）はバツ。プラシーボが危険なら使わないはずだから、（D）もバツ。

(3) 　the Journal of General Internal Medicine というのは学会誌（またはそれに相当する専門誌）であると想像されるので、正解は (C)。学会誌であると知らなくても、選択肢の中には他に適当なものがない。

4. 　　　　　　　　　　　　　　　　　　　　　　　☺TRACK**59**

Influenza is a common infection of the nose and throat, and sometimes the lungs. The cause is a virus that passes from one person to another. The virus spreads through the air when an infected person expels air suddenly.

Influenza develops after the virus enters a person's nose or mouth. The flu causes muscle pain, sudden high body temperature, breathing problems and weakness. Generally, most people feel better after a week or two. But the flu can kill. It is especially dangerous to the very young, the very old and those with weakened defenses against disease.

The World Health Organization says the influenza virus infects up to five million people around the world each year. Between two hundred fifty thousand and five hundred thousand people die every year from influenza. 　　　　　　　　　　　　（VOAより引用）

《Words》
Influenza インフルエンザ　infection 感染　throat のど　lung 肺　expel 吐き出す
Generally 一般に　defense 防衛　The World Health Organization 世界保健機構

《日本語訳》
　インフルエンザは鼻、のど、そして時には肺までの一般的な感染である。原因はある人からまたある人へうつるウィルスである。ウィルスは、感染した人が突然空気を吐き出す時、空気を伝って広がる。
　インフルエンザはウィルスが人の鼻や口から入ることで悪くなる。インフルエンザは筋肉の痛み、突然の高い体熱、呼吸障害や衰弱を引き起こす。一般的にほとんどの人は1週間から2週間で快方へ向かう。しかし、インフルエンザは患者を殺すこともある。特に危険なのは非常に若い人、非常に年老いている人、そして病気に対する防衛が弱くなっている人である。
　世界保健機構では、インフルエンザのウィルスは毎年世界中の感染者が500万人にのぼると発表している。毎年250,000人から500,000人がインフルエンザでなくなっている。

《解説と解答》
(1)　(A)は、問題文中に治療環境についての記述がない。(B)は、3行目にThe virus spreads through the air when an infected person expels air suddenly.(ウィルスは、感染した人が突然空気を吐き出す時、空気を伝って広がる)とあるため、(B)が正解。(C)は、皮膚感染についての言及がないため、バツ。(D)は8行目にBut the flu can kill.とあることから、死亡することがあるのでバツ。

(2)　6〜7行目にかけ、症状が列挙されている。The flu causes muscle
　　　　　　　　　　　　　　　　　　　　　　　　　　　　　　(B)

pain, sudden high body temperature, breathing problems and
            (C)   (D)
weakness.

したがって、(A) の吐き気が読まれていないので、正解は (A)。

(3) 数字の読み方はこの本でも何度も出てきているが、慣れておこう。

Between two hundred fifty thousand and five hundred thousand people die every year from influenza.

まず two hundred fifty thousand だが、two hundred fifty までだと 250 になる。それが thousand だというのだから、250 の最後の 0 が千の位に当たるということ。したがって、250,000 ということになる。

同様に five hundred thousand は 500,000 になるので、正解は (C)。

5. ☺ TRACK **60**

Orlando Carvajal asks how much professors earn in the United States.

We looked in the almanac published by the Chronicle of Higher Education. It shows that the average salary for full professors last year was ninety-nine thousand dollars. For associate professors it was seventy thousand. And for assistant professors it was fifty-nine thousand dollars.

Private, independent schools pay more than public colleges and universities. But how do professors compare with other professions? For that we turn to the latest numbers from the Bureau of

121

Labor Statistics.

Assistant professors earned about the same last year as workers in business and financial operations. But they earned about ten thousand dollars less than computer programmers, for example.

The highest paying group of jobs in the United States is in management. The average wage last year was ninety-two thousand dollars. Next came lawyers and other legal workers, at eighty-five thousand.

(VOA より引用)

《Words》
almanac　年鑑　　chronicle　年代記　　profession　職業　　the Bureau of Labor Statistics　労働統計局　　wage　賃金

《日本語訳》
　オーランド・カーヴァハル氏は、アメリカで教授はどのくらい稼いでいるのか尋ねている。
　我々は、クロニクル・オブ・ハイヤーエジュケーションから出版されている年鑑を見てみた。それによれば、昨年の正教授の平均給与は9万9千ドルだった。准教授は7万ドル。助手は5万9千ドルであった。
　私立、独立校は公立大学より多く支払っている。しかし、教授の給料は他の専門職の（給料）と比べてどうなのだろうか。そのために我々は労働統計局が出している最新の数字をめくってみる。
　助手は昨年、ビジネスや金融業務で働く人とだいたい同じだけ稼いだ。しかし彼らは、例えばコンピュータープログラマーより1万ドル稼ぎが少ない。

アメリカでもっとも高く支払われている仕事のグループは管理職である。昨年の平均賃金は9万2千ドルであった。次いでくるのが弁護士や他の法律家であり、8万5千ドルだった。

《解説と解答》
(1)　数字を聞き取る問題。ちなみに、冒頭のオーランド・カーヴァハル氏という名前は聞き取れなくて構わない。how much professors earn in the United States.のところが重要。
　　（A）の正教授はナインティー・ナインと聞き取りやすいので、選択肢では安すぎることがわかる。(B)はセヴンティー・サウザンドとなっている。70のゼロの位がサウザンドと同じ位になっているので、70,000ドルとなり、7万ドルである(B)が正解。(C)は明らかに聞きとり違い。(D)はそのようなことは言っていない。
　　数字の問題はもう慣れただろうか。この本では皆さんの数字のニガテ意識を取り払うため、たくさんの数字の問題を出している。良く復習して得意分野にしていただきたい。
(2)　助手の稼ぎの問題。正解は4段落目のAssistant professors earned about～の中で述べられている。workers in business and financial operationsの人とはabout the same（ほぼ同じ）と言っているので(A)と(B)はバツ。一方computer programmers, for exampleと比較するとabout ten thousand dollars less（1万ドル少ない）となっているので、正解は(D)。
(3)　5段落目の冒頭に、The highest paying group of jobs in the United States is in management.とあるので、highestなのは管理職である。正解は(C)である。

6. 　　　　　　　　　　　　　　　TRACK**61**

Professional baseball players Cal Ripken and Tony Gywnn are among the heroes. They were admitted into the Baseball Hall of Fame Sunday at a ceremony in Cooperstown, New York. About seventy-five thousand fans gathered there to celebrate. Both men spoke about the importance of the public image of athletes. Gwynn said professional baseball was about more than just playing. He said players need to do the right thing for all the fans who love the sport. Ripken said players are behavior models whether they like it or not. He said the only question is whether they will be good ones or bad ones.　　　　　　　　（VOA より引用）

《Words》
the Baseball Hall of Fame　野球の殿堂　　behavior model　行動モデル　　whether…or ～
①…や～にかかわらず　②…か～

《日本語訳》
　プロ野球選手キャル・リプケンとトニー・グィンはヒーローの仲間入りをする。彼らはニューヨークのクーパーズタウンでの日曜日のセレモニーで、野球殿堂入りを許されたのだ。7万5千人のファンがお祝いのために集まった。2人とも、運動選手の大衆イメージの大切さについて語った。グィンはプロ野球は単にプレイすること以上のものであると言った。彼は選手はスポーツを愛するファンのために正しいことをする必要があると述べた。リプケンは、選手は好むと好まざるとにかかわらず行動モデルなのだと説いた。彼は、唯一の問題は選手にはいいモデルと悪いモデルがいることだと言った。

《問題の訳》
(1) 75,000人が集まって何を祝ったのでしょうか。
　(A) 2人の野球選手が殿堂入りを許されたこと。
　(B) 3人のバスケットボール選手が殿堂入りを認められたこと。
　(C) 1人の野球選手が最高殊勲選手に選ばれたこと。
　(D) 4人の野球選手がチームを勝利に導いたこと。

(2) グィンは何と言ったでしょう。
　(A) プロ野球には多かれ少なかれ暗い一面がある。
　(B) プロ野球選手は勝つために一生懸命努力しなければならない。
　(C) プロ野球はただプレーする以上の何かを持っている。
　(D) プロ野球選手は正しいことをするよう試みる。

(3) リプケンは何と言ったでしょう。
　(A) 選手はそれが嫌だとしても、大衆の基準にならなければならない。
　(B) 選手は好きなように行動して良い。
　(C) 問題の1つは懸命な選手とそうでない選手がいるということだ。
　(D) 選手は子供達に、より練習すれば、より良い選手になれるということを示していかなければならない。

《解説と解答》
(1) 　the Baseball Hall of Fame は「野球の殿堂」。これを知らなくても、(B) はバスケットなので除外できる。また、(A)〜(D) で扱う人数が違うので、トピックが2人であることが聞き取れれば正解できる。正解は (A)。
(2) 　(A) は全く触れていない。(B)〜(D) は一見正しそうなことを言っているが、問題は文中で言っていたことかどうかがポイント！
　　(B) は当たり前だが言っていない。(C) は6行目で言っていること

とマッチしている。(D) は試みるのではなく、正しいことをしなければならない、と書いてあるのでバツ。

　　正解は (C)。

(3) (A) は「それが嫌だとしても」というのが響きとして悪いが、文中下から3行目に players are behavior models whether they like it or not とある。whether they like it or not とは「それが好きでも嫌いでも」という意味なので、behavior model が嫌でも、というのは合っている。

　　(B) は好きなことをやっていいでは規範となれという言葉と正反対。

　　(C) ～ (D) は間違ったことは言っていないが、文中で述べていない。正解は (A)。

7.　　　　　　　　　　　　　　　　　　　　☺TRACK**62**

Jim Carrey's skill for comedy came early. As a boy, he was given time at the end of each school day to perform for his class. Carrey says he also sent a letter requesting a part on a popular American television comedy show when he was just ten years old.

Jim Carrey was born in nineteen sixty-two in Newmarket, Ontario, Canada. He was a good student until his teen years when his family experienced financial problems and had to move to Toronto, Canada. Jim worked in a factory every day after school and his grades suffered as a result.

Carrey's first huge movie success was starring in the film "Ace Ventura: Pet Detective" in nineteen ninety-four. Critics hated the movie. But Jim Carrey's very physical comedy was a hit with moviegoers. The movie earned more than seventy million dollars in the United States alone. A follow-up movie came out the next year. "Ace Ventura: When Nature Calls" earned more than one hundred million dollars.

（VOA より引用）

《Words》
until 〜までずっと   grade 成績   suffer 被害を被る   huge 莫大な   critic 評論家
physical 身体的な   nature calls 催している

《日本語訳》
　ジム・キャリーのコメディーの手腕は、早くから現れていた。少年の頃、彼は毎日の学校の終わりに、クラスで独演会をする時間を与えられていた。キャリーが言うには、彼はたった10歳で大人気のアメリカのテレビコメディーショーの一部を自分のために要求する手紙を出していた。
　ジム・キャリーは1962年にカナダのオンタリオ、ニューマーケットで生まれた。彼はいい生徒だったが、10代に家族が経済的な問題を経験し、カナダのトロントに移り住んだまでのことだった。ジムは放課後毎日工場で働き、彼の成績は結果として下がっていった。
　キャリーの最初の大きな映画の成功は1994年に「エース・ヴェンチュラ：ペット探偵」に主演したことであった。評論家はこの映画を嫌った。しかしジム・キャリーの身体的なコメディーは映画好きにはヒットだった。この映画はアメリカだけで7千万ドル以上を稼いだ。
　続編は翌年に出た。「エース・ヴェンチュラ：トイレに行きたくなった時（邦題：ジム・キャリーのエースにおまかせ！）」は1億ドル以上も収入を得た。

《設問の訳》

(1) ジムは10歳の時、何をしましたか。
　(A) 彼はテレビショーに、曲をリクエストする手紙を送った。
　(B) 彼は自分自身をテレビショーに出してもらえるよう頼む手紙を送った。
　(C) 彼はテレビショーの司会者を激励するカードを送った。
　(D) 彼はテレビショーの一部を要求するカードを送った。

(2) 彼が10代の頃、なぜ成績が下がっていったのですか。
　(A) 放課後彼には勉強する時間がなかったから。
　(B) 放課後彼には勉強するエネルギーがなかったから。
　(C) 彼は放課後工場で働かなくてはならなかったから。
　(D) 彼はテレビショーへ手紙を書くのに熱心だったから。

(3) 映画「ジム・キャリーのエースにおまかせ！」はいくら収入を得たのですか？
　(A) 1億ドル
　(B) 1千万ドル
　(C) 100万ドル
　(D) 10万ドル

《解説と解答》

(1) 本文3～4行目 sent a letter requesting a part on a popular American television comedy show とある。requesting a part on とは「～の一部を要求する」つまり、ジムはたった10歳にして人気テレビショーの1コーナーをせしめようとしていたというのだから恐ろしい。内容が合うのは (B) と (D) だが、(D) は手紙ではなくカードになっているので間違い。正解は (B)。

(2) （A）と（B）は一見合っていそうだが、実際彼は働きに出て、早く帰っていたのに疲れてしまって勉強できなかったのかも知れないし、逆に遅くまで拘束されていたのかもしれない。その言及がないので、両方ともバツ。（D）は10歳の話。したがって正解は内容を一番素直に表している<u>(C)</u>が正解。

(3) 聞き取れましたか？more than one hundred million dollars と言っていましたよ。

　more than は置いておいて、"100 ミリオン" とはいくらだろうか？1 ミリオンは 2 個目のカンマの上の位、つまり 100 万である。それより 2 桁多いのだから、10000 万、これは 1 億である。<u>正解は（A）の 1 億ドル</u>。

8.　　　　　　　　　　　　　　　　　　☺ TRACK**63**

Some American schools pay teachers more if their students improve on tests. Now, there is a growing movement to pay the students—in some cases, even just for coming to class.

Students at one school in New Mexico can earn up to three hundred dollars a year for good attendance. A program in New York City pays up to five hundred dollars for good attendance and high test scores.

Robert Schaefer is public education director for the National Center for Fair and Open Testing, an activist group. He says paying may improve performance in the short term, but students develop false expectations for the future. He sees a lack of long-term planning in these programs because of pressure on schools to raise test scores.

Public schools need to show improvement under the education reform law. Low-performing schools may lose their federal money; teachers and administrators may lose their jobs. Often these schools are in poor neighborhoods where getting students to go to school can be a continual problem.　　　（VOAより引用）

《Words》
improve　良くなる　　attendance　出席数　　education reform law　教育改革法
federal money　連邦予算　　administrator　経営者　　continual　連続的な

《日本語訳》
　いくつかのアメリカの学校では、生徒がテストで成績が向上すると先生が多く給料をもらえる。今、広がっている動きには、生徒にお金を払うというものがある……場合によっては、授業に来させるためだけに。
　ニュー・メキシコのある学校の生徒は、出席数が良いと年300ドルまでを稼ぐことができる。ニューヨーク・シティのあるプログラムでは、出席数が良くテストの成績が高いと、500ドルまで払ってくれる。
　ロバート・シェーファー氏は、公平で開かれたテストのための国民センター、という活動家グループの公共教育長である。彼が言うには、お金を払うことは短期的には成績を上げるかもしれないが、生徒は将来に対して誤った期待を広げてしまう。彼は学校側がテストの点数を上げるというプレッシャーのために、これらのプログラムの中に長期計画の欠如を見るのである。
　公立学校は教育改革法の下で、進歩を示す必要がある。成績の悪い学校は連邦予算を失くされるかも知れず、先生や経営者は職を失うかも知れな

い。しばしばこれらの学校は、生徒を学校にやるのが継続的な問題になりうる貧しい地区にある。

《設問の訳》
(1) 何が問題なのですか。
　(A) 先生がお金を稼ぎすぎる。
　(B) 生徒が放課後家に帰ろうとしない。
　(C) プログラムが長期的なものしかない。
　(D) 学校が生徒に、学校に来てもらうようにお金を払う。

(2) ロバート・シェーファー氏は何と言っていますか。
　(A) 生徒にお金をやるのは効果的な動機付けになる。
　(B) 学校は長期計画を持っていない。
　(C) お金を払うことは短期的には成績の低下を招く。
　(D) 学校はテストの結果を良くするプレッシャーから逃れるべきだ。

(3) なぜ学校は生徒にいい結果を出させることに躍起になっているのですか。
　(A) 学校は進歩を示したいから。
　(B) 先生は生徒に学ぶことを愛してほしいから。
　(C) 先生は貧しい地区を助けたいから。
　(D) 教育改革法によって。

《解説と解答》
(1) (A)と(B)には本文中に関連する言及がない。(C)はロバート氏の話と全く逆。正解は <u>(D)</u>。
(2) (A)はあくまでも"短期的には"という条件つきなら正解。(C)は全く逆。(D)は一見正解のように見えるが、ロバート氏は何の提言も

行っていない。状況を分析しているだけである。「～べきだ」という言い方は正しくない。正解は(B)。

(3) 紛らわしいのは(A)と(D)だろう。教育改革法は進歩を示さなければならない、と文中にあるので、「示したい」というより、教育改革法によって定められているといったほうがいい。よって正解は(D)。

9.   ☺TRACK**64**

Several recent studies have linked human activities to reduced numbers of sharks in the world's oceans. Scientists now say a sharp decrease in the number of large sharks in the Atlantic Ocean has helped some kinds of fish. They say such fish are now threatening other sea animals.

The scientists say one effect of shark fishing has been an estimated ninety-nine percent decrease in some shark populations. They say the loss of larger sharks has caused a population explosion among fish like skates and rays. Such fish and smaller sharks have increased in number along the east coast of the United States.

Sharks usually eat skates and rays. The scientists say these fish feed on shellfish, which are disappearing from the ocean. They say other sea animals are also being threatened by the area's changing environment.

(VOAより引用)

《Words》
link～to ～を関連付ける   reduce 減少した   shark サメ   decrease 減少

estimated 推定して　　shark populations サメの数
population explosion 数の爆発（的増加）　　skate ガンギエイ　　ray エイ
increase 増加する　　shellfish 貝　　threaten 脅かす

《日本語訳》
　いくつかの最近の調査は、人間の活動を世界の海でのサメの減少に関連付けている。科学者が今言っているのは、大西洋の大きなサメの数の急激な減少は、いくつかの種類の魚を助けている、ということだ。彼らは、そのような魚が別の海の動物たちを脅かしているという。
　科学者たちが言うのは、サメを釣ることの1つの結果は、いくつかのサメの数の、99％と推定される減少だということ。彼らは、大きなサメの減少はガンギエイやエイなどの魚の数の爆発的増加を引き起こしたと言う。その様な魚や小さいサメは、アメリカの東海岸に沿って数を増やしてきた。
　サメは通常ガンギエイやエイを食べる。科学者は、これらの魚が貝を常食としており、その貝は海から消えつつあると言っている。彼らは、他の海の動物たちもまた、海域での変わっていく環境に脅かされていると言う。

《設問の訳》
(1) いくつかの最近の研究は何と言っていますか。
　(A) 人間の軍事的行動がサメの数を減らしてきた。
　(B) 大きなサメの減少が発見不可能だった海の動物を生んでいる。
　(C) いくつかの種類の魚はサメの減少で助けられてきた。
　(D) サメはほかの大きな海の動物にとって代わられた。

(2) 科学者は何と言っていますか。

(A) サメを釣ることはサメの種類を減らしてきた。
(B) ガンギエイやエイは爆発的に数を減らした。
(C) 西海岸はガンギエイとエイでいっぱいだ。
(D) ガンギエイとエイは大きな魚である。

(3) 環境について真実でないのはどれか。
(A) 貝は海から姿を消しつつある。
(B) ガンギエイとエイは貝を主食としている。
(C) ガンギエイとエイはサメを食べる。
(D) 他の海の動物も変わり行く環境に悩まされている。

《解説と解答》
(1) (A)は軍事的行動とは言っていない。むしろ全編に出てくるのは、サメを人間が釣るということだ。(B)はそういうことがあるかもしれないが、本文中では一言も言われていない。
　　(D)はこれも文中で言われていないし、むしろ今まで小さかった魚が猛威を振るっているという内容である。したがって正解は(C)。本文2〜4行目に Scientists now say a sharp decrease in the number of large sharks in the Atlantic Ocean has helped some kinds of fish. とある。長い文だが、骨子はサメの減少がある種の魚を助けた、ということ。
(2) (B)は逆。サメの減少でガンギエイたちは数を増やした。(C)は東海岸の話。(D)は話を聞いてないのか！と言いたくなるくらい、事実と逆。
　　さて(A)だが、本文中9行目に Such fish and smaller sharks have increased in number とある。
　　大きなサメに代わって、より小さなサメが増えてきた、とあるので、正解は(A)。

(3) (A) は第3段落2行目に「shellfish, which are dissappearing from the ocean」とあるので真実。

(B) は同段落1行目に「these fish (skates and rays) feed on shellfish」とあるため真実。

(D) は同段落3行目に「other sea animals are also being threatened by the area's changing environment」とあり真実。

(C) は同段落1行目に「Sharks usually eat skates and rays」とあるように、サメがガンギエイやエイを食べるのであって、選択肢の文は逆の意味。したがって<u>正解は (C)</u>。

10.   ☺TRACK**65**

Some of the greatest artists in American musical theater worked together to create "West Side Story" in nineteen fifty-seven. Choreographer and director Jerome Robbins, who developed the idea. Arthur Laurents, who wrote the play's words. And Stephen Sondheim, who wrote the words to the songs.

However, Leonard Bernstein—who wrote the music—usually is considered the main creator of "West Side Story. " Although the play is fifty years old this month, his music remains fresh today.

"West Side Story" is a story about young people in a poor part of New York City in the nineteen fifties. Two groups of teenagers fight each other for control of the streets.

Members of the local gang—the "Jets"—were born in New York. They hate the Spanish-speaking people who have begun to move to the city from Puerto Rico. The young Puerto Ricans, members of the "Sharks" gang, hate the Jets in return.

The Puerto Ricans have the mixed feelings of any group of immigrants. They are divided between loving their old home and being glad to have left its problems behind.

The song "America" makes fun of some things in their new land, even as it seems to praise it. The Puerto Rican girls joke that everything is free in America ... if you pay for it.

(VOA より引用)

《Words》
develop 開発する　　choreographer　振り付け師　　fight for control of 〜　〜の支配を巡って戦う　　in return お返しに　　immigrant 移民　　make fun of 物笑いの種にする　　praise 賞賛する

《日本語訳》
　アメリカのミュージカル劇場の偉大なるアーティストの数人が"ウェストサイドストーリー"を作り上げるために共同作業を行ったのは1957年のことであった。振り付け師でディレクターのジェローム・ロビンス、彼はアイデアをふくらませ、アーサー・ローレンツ、彼は芝居のセリフを書き、スティーフン・ソンドハイム、彼は歌詞を書いた。
　しかしながら、レオナルド・バーンスタイン―彼が曲を書いたのだが―が通常"ウェストサイドストーリー"の中心の制作者と考えられている。今月芝居は50周年を迎えるが、彼の音楽は今日でも新鮮だ。
　"ウェストサイドストーリー"は1950年代のニューヨーク・シティの貧しい地区での若者についての物語である。街の支配を巡って2つのグループのティーン・エイジャーが互いに争う。

地元のギャングのメンバーたち―ザ "ジェッツ"―はニューヨークで生まれた。彼らはプエルトリコから町にやってき始めたスペイン語を喋る人々を憎んでいる。若いプエルトリコ人たち、ザ "シャークス" のメンバーもお返しにジェッツを憎んでいる。

　プエルトリコ人たちは移民のどんなグループもが複雑な感情を持っていた。彼らは自分たちの古き故郷を愛することと、故郷の問題を置き去りにしたことを喜んでいることの間で分かれていた。

　"アメリカ" という歌は、彼らの新しい国を賞賛しているように見えるけれども、いくつかのものを笑いものの種にしている。プエルトリコ人の少女達が冗談を言う。アメリカでは全てのものが自由だ…金を支払いさえすれば。

《設問の訳》
(1) 誰が "ウェスト・サイド・ストーリー" の曲の歌詞を書いたのですか？
　(A) ジェローム・ロビンス
　(B) アーサー・ローレンツ
　(C) スティーフン・ソンドハイム
　(D) レオナルド・バーンスタイン

(2) "ウェスト・サイド・ストーリー" はどんなストーリーですか？
　(A) アメリカの西海岸沿いのティーンエイジャーの青春
　(B) ニューヨークシティの 2 つのギャング集団の戦い
　(C) ニューヨーカーとプエルトリコ人との戦争
　(D) アメリカのギャングの風刺感情

(3) 何が "ウェスト・サイド・ストーリー" について正しいですか？
　(A) それは 1960 年代のニューヨークシティを描いている。

(B) ザ"シャークス"はザ"ジェッツ"を一方的に憎んでいた。
(C) プエルトリコ人は入り混じった感情は持っていなかった。
(D) "アメリカ"という歌は、アメリカのいくつかの物について物笑いの種にしている。

《解説と解答》
(1) (A)は振付師であり、ディレクターと言っている。(B)はセリフを書き、(C)は歌詞を書き、(D)は曲を書いた、とそれぞれ言っている。よって正解は (C)。
(2) (A)のような明るい話ではなく、しかも西海岸沿いの話ではない。ニューヨークシティでのギャング集団の争いである。よって答えは (B)。(C)は戦争とあるが、そこまで大きくはない。(D)はむしろプエルトリコ人の風刺感情を表しているし、物語はそれだけではない。sarcastic という単語を知らないかも知れないが、内容で(B)を的確に選べば良い。
(3) (A)は 1950 年代。(B)は互いに憎み合っていたのであって、一方的ではない。これも単語として one-sidedly という単語があまり見かけないかもしれないが、ワン・サイド・ゲームなどと日本語でも言う。焦らず連想していただきたい。(C)は逆で、祖国に対する感情で入り混じった感情を持っていた。よって正解は (D)。これは本文のまんま。

第6章
仕上げ
英語で笑っちゃおう！

さ〜て、怒涛のリスニング問題はうまく攻略できましたか？
　最後に、総仕上げとして、英語落語をリスニングしていただきます。
　お題目は、桂枝雀さんが好んで舞台にかけた「時うどん」でございます。
　次ページ以降にスクリプトと日本語訳をつけましたので、参考になさってください。
　それでは、豊穣な落語の世界へ、どうぞ！

Time Noodles[1]   ☺ TRACK66
Translated by ゼビア・ベンスキー

When it comes to [Japanese] street vendors, each one of them has their own signature call. The bamboo pole vendor goes: "baaaaambooooo-bamboo poles, *sa-ohhhhhhh-da-kei*" drawing out a sound just as long as a bamboo pole, you see. Now, If the vendor went something like: "bamboo poles-poles" in a nervous voice, this just wouldn't be good for business.

A street vendor's call reflects the seasons. Goldfish vendors are a thing of summer, for example. "Goooooldfishies-*keeeeeeeeen-gyoh!*" It just makes you think: "Ahhh, summer's here."

And then, as you know, the representative street vendor's call in winter is that of the noodle vendor: "Noooooooooodles-*oo-dohhhhhhhhhnn-ya!*"

Kihachi: Hey Seiroku, that was fun!
Seiroku: Sure was, but I'd rather go somewhere I can get in for free...
Kihachi: Let's go again sometime.
Seiroku: Wow, I'm hungry. You wanna get something to eat?
Kihachi: Yeah, let's eat something. Let's eat. I'm really starving!
Seiroku: You got money?
Kihachi: Do I have money? ... Look what came out of my

---

[1] This script is based on a recording of Katsura Shijaku's performance of *"Tokiudon."* It has been slightly edited for content and certain puns have been adapted into English.

	pocket: eight *mon*[2] coins!
Seiroku:	Eight *mon* coins? And what eight *mon* are those?
Kihachi:	I dunno, just eight *mon*.
Seiroku:	Kihachi, how old are you now? Don't go messing around with eight *mon* in change. It's shameful! Eight *mon*-just throw 'em away over there!
Kihachi:	Hey, don't be so harsh! So, come on, how much do you have?
Seiroku:	How much? Well, even with all that I have, money has its limits. But if you really must know, I'll just check my pocket … See? Jingle jangle … and out comes seven *mon*.
Kihachi:	Seven *mon*!? Seven *mon*, what's that?
Seiroku:	I dunno, just seven *mon*.
Kihachi:	Seiroku, how old are you now?
Seiroku:	That's my line! What a sorry pair we are-only fifteen *mon* between the two of us. Oh well, that's OK. Let's go get some noodles.
Kihachi:	Hey Seiroku, noodles are sixteen *mon*, you know. We can't buy noodles with this!
Seiroku:	It's fine. For one *mon*, I'll think of something.
Kihachi:	We can only have one bowl.
Seiroku:	There's nothing I can do about that. I'll eat first and then leave half for you.
Kihachi:	Half a bowl each, is it?

---

[2] A *mon* was the name of a coin denomination during the Edo period (specifically, between 1636 and 1860).

Seiroku: Well, that's the only way, right? Hey, we're in luck! There's a noodle vendor's stall over there...
Noodle vendor!
Vendor 1: Hi. It's cold out there, isn't it?
Seiroku: I'll have a big bowlful.
Vendor 1: Coming right up!
Seiroku: And make it quick, OK?
Vendor 1: Here you go...
Seiroku: Wow, it's here already! So fast! You made my day. On a cold night like this, to have your noodles just as soon as you order them-that really makes you happy...

(Sssslurp! Sssslurp!)

Mmm, this is the stuff! With a broth made from real bonito fish shavings. Yep, when it comes to noodles, even if the quality of flour is not the best, it's the broth that really counts.
(Sssslurpslurp! Gulp gulp!)

But here, the flour is excellent. And the noodles are cooked just firmly enough...you know what they say: noodles and women—neither one should be too tender! ... If you pull me like that, the broth will spill over! I'll let you have it when I've had half. I've barely begun and you're already trying to pull me away. Cut it out, already!

(Slurp slurp slurp slurp! Gulp gulp! Slurpslurpslurp … munch munch … slurp ssslurp!)

Stop pulling like that! You see, the broth spilled over! I told you I'll give it to you when I've finished half, didn't I? Take a look—the vendor's laughing at you! You're embarassing me… Just wait a second!

(slurpslurpssssssslurp … slurpslurp … munch munch … sssslurp!)

Stop pulling! So, you want it that bad? Well then, go ahead! Come on, eat!

Kihachi: I will!! I'm perfectly entitled to it because eight *mon* of that bowl came from me! …What's this, Seiroku? …Is this eight *mon*'s noodles?

Seiroku: Eight *mon* it is!

Kihachi: (Sniff) … There are only … Two noodles here …

Seiroku: Stop whining. Hurry up and eat!

Kihachi: I'll whine all I want! This is really too much…Alright, here goes (slurp!) That's it. I finished it already! … Only the broth is left over …

(gulp gulp gulp)

Oh no, that's the end of it!

Seiroku: Don't cry over spilled broth. Turn your bowl over. We don't need seconds, thanks. We'll come back tomorrow night maybe and have your noodles again. Thanks for the delicious meal. Let's see what I owe you. It's small change, so help me count it out, would you? OK, noodle vendor, here goes:

One, two, three, four, five, six, seven, eight ... Oh, what time is it now?

Vendor 1: Well, it's nine.
Seiroku: Ten, eleven, twelve, thirteen, fourteen, fifteen, sixteen. OK, goodbye.
Vendor 1: Thank you very much!
Kihachi: Hey Seiroku...Hold on a second, Seiroku. You lied, didn't you? You said you only had seven *mon* when you actually had eight!
Seiroku: What? Don't you get it? Think hard. You remember when I had counted the bill up to eight *mon*, I asked the noodle vendor "Oh, what time is it now?" Right? And then, since the noodle vendor said "Well, it's nine," I just counted on down after that with "ten, eleven, twelve, thirteen, fourteen, fifteen, sixteen."
Kihachi: Huh? How is that ... you counted until eight and said "What time is it now?" Then the vendor said, "It's nine," so you went: "ten, eleven ..."

Oh, the noodle vendor counted nine into the bill! Ha ha ha! That's a good one. I'll try it tomorrow!
Seiroku: No, no, you can't. This one's all about getting the timing just right. Can you do that?

145

Kihachi: What, are you saying there's something you can do that I can't? I'm going to do it tomorrow night!

🙂 **TRACK67**

And with those words, this man set out as planned on the following day. Now, if he had chosen the same time to go, there would have been no problem. But since he was a little slow-witted, there he was walking around in broad daylight with coins jangling in his pocket, looking for a noodle vendor...

Kihachi: That was pretty neat. That was really something, last night ... You count from one, two, three, four, five, six, seven, eight, and then ask: "Noodle vendor, what time is it now?" ...This is where you have to concentrate and listen well ... when the noodle vendor says, "It's nine," then I've got it all taken care of. I'll go ten, eleven, twelve ... and go for the knock-out!

Noodle vendor, come out here!

Ah, there's one, there's one! That's a noodle vendor's stall, right over there. He he he ... He doesn't suspect a thing...Good for me...

Hey, noodle vendor!
Vendor 2: Yes, welcome!
Kihachi: I'll have a big bowlful.

Vendor 2: OK, please wait. I'll have it for you soon...

Kihachi: Right, and make it quick, OK?

....

....

That's right, that's right, that's right.

Vendor 2: What is it that's right?

Kihachi: Oh, just that on a cold night such as this...

Vendor 2: Today it was quite warm, wasn't it?

Kihachi: Yes, ahem, it was cold last night ... So, noodle vendor, on a not very cold night such as this, to have your noodles just as soon as you order them—now that's a treat!

....

Not yet? It's not ready yet? The water wasn't boiling? Come on! ...

....

Not yet? Whatever it is, isn't this taking just a bit too long now?

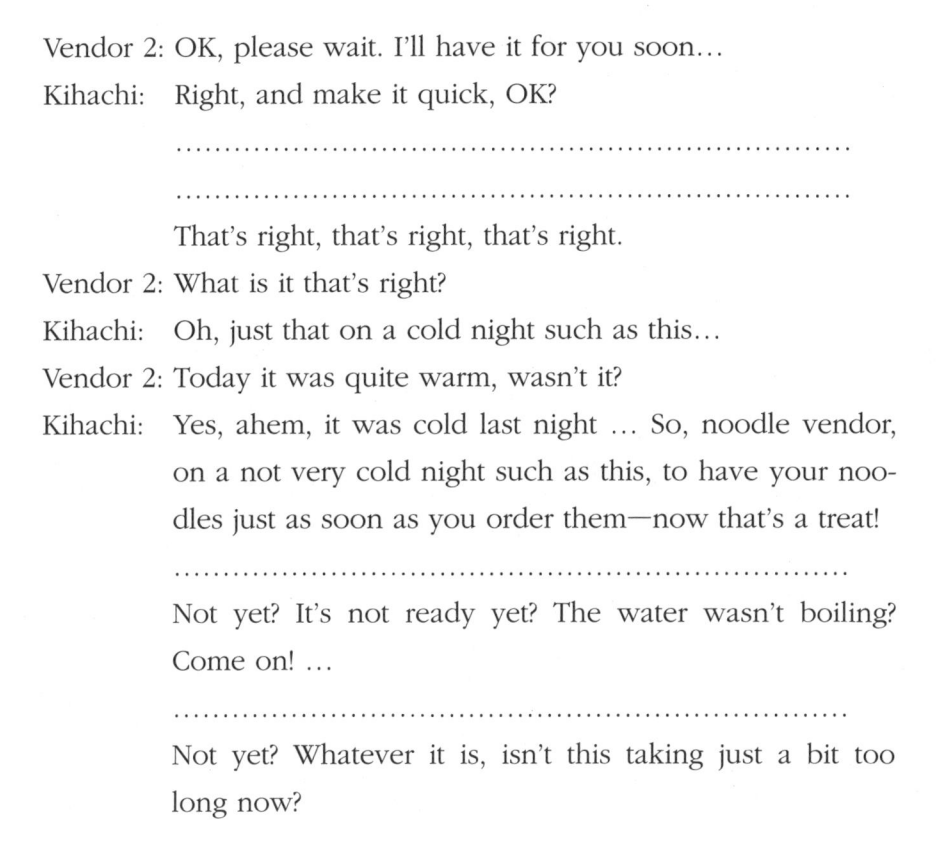

Ah, is it ready? Here it is ... On a not very cold night such as this, when the noodle vendor makes you wait, that really makes you happy. Isn't that right, noodle vendor? When you get a hot bowl of noodles ... It's a bit lukewarm, you know ... Well, yes, that way you can eat them right away, so that's the best way to serve them ... right. ...Say, noodle vendor-Ishida Sansei, isn't that your name? Noodle vendor ... you know what they say: when it comes to noodles, even if the quality of flour is not the best, it's the broth that really counts.

That's right, made from real bonito fish shavings (slurp slurp) ... Oo, that's b-b-bitter! ...Well, even if the broth is a bit bitter, you know what they say, noodle vendor—just as long as the noodles are ... (slurp slurp slurp) they're limp and soggy ... and that's good, very good, because I have a sensitive stomach, so it's just what I need. Right, Mr. Noodle vendor? ... I think I'm sick of this already...

Hey, stop pulling! ... The broth will spill over.
Vendor 2: Huh? Wha...What are you talking about?
Kihachi: No, this is all about getting the timing right. If it's not done the same way as last night, I can't get the same timing, can I? Don't you understand that?
Vendor 2: No, I don't understand.
Kihachi: Why you ... be quiet, noodle vendor. Just you watch! Fool...
(slurp slurp ... munch munch)
Stop pulling! ...The broth will spill...The vendor's laughing at you.
Vendor 2: No, I'm not laughing... I'm rather feeling kind of helpless.
Kihachi: That's enough, you fool! Don't you understand that if I don't do it exactly as it was last night, I can never get the timing right?

(ssssslurp! Slurpslurpslurp)

	Stop pulling! So, you want it that bad? Well then, go ahead! Come on, eat! Come on, eat!
Vendor 2:	Wh-what are you talking about?
Kihachi:	Hey, Seiroku…is this eight *mon*'s noodles?
Vendor 2:	Now sir, you're free to say whatever you'd like, but all of my prices are fixed. Those noodles are sixteen *mon*.
Kihachi:	Be quiet! A bowl of noodles is sixteen *mon*-I know that much! Just you watch! … (slurp!) There are only two noodles left.
Vendor 2:	That's because you ate the rest.
Kihachi:	I know!! I'll whine all I want! This is really too much… Alright, here goes (slurp!) That's it, I finished it already! … Only the broth is left over … Do I have to finish this bitter broth? …

(gulp gulp gulp)

Oh no, that's the end of it! Don't cry, now. I'll turn my bowl over.

Vendor 2: You've finally finished … I'm relieved….
Kihachi: Noodle vendor, I only have small change, so put out your hand and help me count it out, would you? OK, here we go …

He he he … too bad for him.

One, two, three, four, five, six, seven, eight … Oh, what time is it now?

149

Vendor 2: Well, it's four.

Kihachi: Five, six, seven …

And that's how this man ended up five *mon* short.

時うどん
（ゼビア・ベンスキー翻訳）

　日本の屋台商人に関して申し上げますと、それぞれが固有の呼び声を持っております。さお竹屋は「たあああああけえええええーさおだけ、さーおおおおおおーだーけい」おわかりですか、音をさお竹と同じくらい引き延ばすのです。さあ、もし商人が「さおだけーさお」と神経質な声だったら、商売には向かないでございましょう。
　屋台商人の呼び声は季節を反映するものでございます。例えば、金魚の商人といえば夏のものでしょう。「きいいいいいんぎょーきいいいいいいいいんぎょお」と聞けば、皆さまも「ああ、夏が来たんだなあ」と感じるはずでございます。
　そして、ご存じのように、代表的な冬の屋台商人の呼び声はうどん商人のものでしょう。「うどおおおおおおおおんーううどおおおおおおおんーや！」

喜八　「なあ、清六。楽しかったなあ」
清六　「まったくだ。でもどこかタダでいけるところにいきたいもんだなあ」
喜八　「そのうちまた行こう」
清六　「おお、腹が減ってきやがった。何か食うものを見つけたくないか」
喜八　「いいねえ、何か食べよう。食べようぜ。腹ぺこぺこだよ」
清六　「お前、金あるのか」
喜八　「金があるかって？財布からいくら出てくるか見てみよう。八文の硬貨だ」
清六　「八文の硬貨？何の八文なんだ」
喜八　「わからん。ただの八文」

清六	「喜八、おめえさん何歳なんだ？はした金の八文なんてふざけるな。恥ずかしい。向こうに捨てちまいな」
喜八	「おい、そんなに厳しく言うなよ。なら、いいか、お前さんはいくら持ってるんだ」
清六	「いくらかって？まあ、俺が持ってる金全部にしても、限度ってものがあるよな。でもお前さんがどうしても知りたいって言うのなら、懐を確かめてみよう。チャリンチャリン、出てきたのは七文」
喜八	「七文！七文！何だ、それ」
清六	「知るか。とにかく七文」
喜八	「清六、おめえさん今年でいくつだ」
清六	「それはこっちのセリフだ！なんてしょぼい野郎なんだ、俺ら。2人合わせてたった十五文。やれやれ、まあいい。十分だ。うどんでも食いにいこうぜ」
喜八	「おい清六。うどんは十六文かかるぜ。これじゃ買えないよ」
清六	「大丈夫。たった一文。いい考えが浮かぶさ」
喜八	「一杯しか食えねえ」
清六	「それについては何もできねえ。俺が最初に食べて、半分をお前に残してやる」
喜八	「半分ずつ？」
清六	「それがただ一つの道ってもんだ。おい、ついてるぞ！あそこにうどん屋の屋台がある。うどん屋さん！」
商人1	「どうも。外は寒いね」
清六	「大盛りで」
商人1	「ただ今！」
清六	「急いでね、頼むよ」
商人1	「へい、お待ち」
清六	「おい、もう出てきたよ。早いね！ついてるってもんだ。こんな

寒い夜に、あんたのうどんを、頼んだ途端に食べられる。幸せってモンだ。
（ズルズルズル、ズルズルズル）
う〜ん。これだね。本物のカツオの削り節で作ったつゆ。うん。麺について言えば、小麦粉の質は飛び切りいいわけではないとしても、つゆが本当にいい。
（ズズズルズル、ゴクリ、ゴクリ）
でもここは、小麦粉が素晴らしい。それに麺がちょうど固めに調理されてる。こんな風に言うんだ。麺と女。どちらも優しくしすぎないようにってね…お前が引っ張ったら、つゆがこぼれちまうよ。半分食ったら残りを食わせてやる。俺はほとんど食っていないのに、お前はもう引っ張り取ろうとする。止めろ、今すぐ！
（ズルズルズルズル！ゴクリゴクリ！ズルズルズル、ムシャムシャ…ズル、ズズズル！）
そんな風に引っ張るな。見ろ、つゆがこぼれちまった。俺が半分食ったらお前にやると言ったろ。見てみろ。うどん屋さんがお前を見て笑ってるよ。恥をかかせないでくれ。もうちょっと待て。
（ズルズルズズズズズズル、ズルズル、ムシャムシャ、ズズズル！）
引っ張るな。そんなに欲しいのか。いいだろう。行け。早く、食べろ。

喜八　「ああ、食うぞ。俺には完全に資格がある、だってこのどんぶりの八文は俺から出てるんだから…何だ、これ。清六。これが八文のうどんか？」

清六　「八文のだ！」

喜八　「（匂いを嗅ぎ）ここにはたった…二本のうどんしかない…」

清六　「愚痴をこぼさずに、急いで食え！」

喜八　「言いたいだけ愚痴を言うぞ！もうたくさんだ。わかったよ。い

くぞ（ズル）ほら。もう終わっちまった。つゆしか残ってない。
　　　　（ゴクリ、ゴクリ、ゴクリ）
　　　　ああ、もう。終わっちまった」
清六　「こぼれたつゆを悔やんでも無駄だ。どんぶりをひっくり返せ。二杯目はいらないよ、ありがとう。多分俺たちは明日ここへ来てあんたのうどんをもう一度食べるぜ。うまい食い物をありがとよ。いくらかかったか数えよう。小銭なんで、数えるのを手伝ってくれよな。いいかい、うどん屋さん。いくぞ、一、二、三、四、五、六、七、八…今、何時（なんどき）だい？」
商人1　「ええと、九でさあ」
清六　「十、十一、十二、十三、十四、十五、十六。よし、じゃあな」
商人1　「どうもありがとうございます」
喜八　「おい、清六…ちょっと待て、清六。お前、嘘ついただろ。七文しかないって言ってたのに、本当は八文あったんだな！」
清六　「何？わからなかったのか？良く考えろ。覚えているだろ。俺が勘定を八文まで数えた時、うどん屋に聞いた『今、何時だい』いいか？そうしてうどん屋が『ええと、九でさあ』と言ったので、俺はその後から『十、十一、十二、十三、十四、十五、十六』」
喜八　「はあ？どういうことだ…お前が八まで数えて言った『今、何時だい？』。うどん屋は『九でさあ』と答えたので、お前は『十、十一』ああ、うどん屋は九を勘定に入れたんだ。ハハハ、こりゃ傑作だ。明日試してみよう」
清六　「だめだめ、お前には無理。これはタイミングが肝心なんだ。できるか？」
喜八　「何だって、お前は自分にできて俺にはできないことがあるって言うのか？俺は明日の夜試してみる」

そして、それらの言葉とともに、この男は次の日予定通り出かけていった

のでございます。まあ、同じ時間を選んでいけば何の問題もなかったのでしょうが、喜八には少々頭の回転がのろいところがございまして、歩いていましたのは広々とした日中の道。硬貨をジャンジャン懐で鳴らし、うどん屋を探していたのでした。

喜八　「あれは巧みだった。あれは本当に素晴らしかった。夕べ…一から数えて二、三、四、五、六、七、八、で、聞く『うどん屋さん。今、何時だい』ここが集中どころ、良く聞くところ。うどん屋が『九でさあ』。それで俺は注意していた通りの答を得る。俺は十、十一、十二といく…そして大成功するんだ！
　　　　うどん屋、ここにお出ましだ。

あら、ありました、ありました。うどん屋さんの屋台です。すぐそこに。キッキッキ…うどん屋は何一つ疑っていませんでした…やった。
　　　　　やあ、うどん屋さん。
商人2　「へい、いらっしゃい」
喜八　「大盛りで」
商人2　「あいよ、ちょっと待ってね。今お作りしますんで」
喜八　「はい。急いでね、いいかい。
　　　　・・・・・・・・・・・・・・・・・・・・・・・
　　　　・・・・・・・・・・・・・・・・
　　　　いいぞ、いいぞ、いいぞ。」
商人2　「何がいいぞなんですかい？」
喜八　「ああ、こんな寒い夜に…」
商人2　「今日は本当に暖かいですよねえ？」
喜八　「そう、エッヘン、寒かったのは夕べだ…なあ、うどん屋さん。こんな寒い夜に、あんたのうどんを、頼んだ途端に食べられる。ごちそうだね」

155

・・・・・・
まだかい？準備できてないのかい？お湯が沸いてないじゃないか、頼むよ！
・・・・・・
まだかい？何作ってるのか知らないが、ちと長くかかりすぎなんじゃねえの？

ああ、できた？来たよ…こんな寒い夜に、うどん屋さんが人を待たせて、最高だね。違うかい、うどん屋さん。あったかい麺のどんぶりをもらって…おい、ぬるいねえ…まあいいや。こうすれば客はすぐさま食べられるってわけだ。だからこれが一番のうどんを出す方法だな…あの、うどん屋の石田さんせい、これってあんたの名前かい、うどん屋さん…その男がこう言ったんだ：麺について言えば、小麦粉の質は飛び切りいいわけではないとしても、つゆが大事だってね。本物のカツオの削り節で作ったつゆ（ズルズル）。わあ、これ、に、苦い！…まあ、つゆが少しくらい苦くても、うどん屋さん、なんていうか知ってるかい、麺が…（ズルズルズル）しなびてて、ねっとりしてる…いいんだよ、いいんだ。俺は胃が繊細だからな、これが俺の求めているものなんだ。いいか、うどん屋先生よ…もう飽きてきたな。

おい、引っ張るんじゃないよ。つゆがこぼれるじゃないか！

商人2　「は？何を喋っていらっしゃるんで？」
喜八　　「いや、これはタイミングをちゃんととるためなんだ。夕べみたいにやらなきゃ、同じようにうまくいかないないだろ？わかんねえかな」
商人2　「わかりやせんね」
喜八　　「どうしてあんたは…黙ってな、うどん屋さんよ。見てりゃいい、

お馬鹿が…
　（ズルズル、ムシャムシャ）
引っ張るなって！つゆがこぼれるだろ…うどん屋さんが笑ってるよ」

商人2　「笑ってないですよ。むしろ手の差し伸べようがない」
喜八　「もういい、このお馬鹿！もし昨日の夜のように正確にやらなければ、タイミングがうまくとれないんだってことがわからねえのかい

　（ズズズズズル、ズルズルズル）
引っ張るのは寄せ。そんなに欲しいのか。いいだろう。行け。早く、食べろ」

商人2　「な、何を喋ってるんですかい？」
喜八　「おい、清六。これが八文のうどんかい？」
商人2　「お客さん、何を言おうと勝手だがね、うちの値段は決まってるんだよ。そのうどんは十六文」
喜八　「黙れって！どんぶり一杯のうどんは十六文。わかってるって。まあ見てろ。（ズル）たった二本しか麺が残ってない」
商人2　「それは残りを食べたからでしょう」
喜八　「わかってる！言いたいだけ愚痴を言うぞ！もうたくさんだ…わかったよ。いくぞ（ズル）ほら。もう終わっちまった…つゆしか残ってない…この苦いつゆも終わらせなければならないのかい
　（ゴク、ゴク、ゴク）
ああ、もう終わっちまった。泣くな。どんぶりをひっくり返すから」
商人2　「ようやく終わった…一安心だ」
喜八　「うどん屋さん、小銭なんで、、手を出していくらかかったか数えるのを手伝ってくれよな。いいか、いくぞ。

157

　　　　カッカッカ、彼には悪いがな。

　　　　一、二、三、四、五、六、七、八…ああ、今何時だい？」
商人２　「ええと、四」
喜八　　「五、六、七…」

これがこの男の五文足りなかった顛末でございます。

　　　　　　　　　　　　　　　　　　　　　　　　〜END〜

「最後に」

　落語で笑って、「おあとがよろしいようで…」というところでしょうか。

　さて、リスニングの学習はいかがだったでしょうか？
　問題も、できるだけあなたの興味の出るようなものにしたつもりです。
　基礎の音から学んでいるので、かなりの効果が見込まれるのではないでしょうか。
　もっとも「そう簡単には聞き取れないよ」という声が聞こえてきそうですね。
　でも忘れないでください。誰もが最初は聞き取れなんてしないのです。
　英語と日本語では周波数が違います。英語を聞き取るというのは、一種チャレンジなのです。
　そのチャレンジをするあなたは偉い！！
　私はこれからも、あなたのお手伝いができるよう、頑張っていきたいと思っています。
　お互い、前を向いていきましょう！！

　本書を書くに当たっては、完成を辛抱強く待ってくださったベレ出版の方々、的確なアドバイスをくださった高島康司先生、そして「時うどん」英語版を快くご提供くださったゼピア・ベンスキー氏にお礼を述べたいと思います。ありがとうございました。

　それでは、またお会いしましょう。

●著者略歴
藤沼千晴（ふじぬま　ちはる）

早稲田大学卒業後、某大手電機メーカーに入社するも、うつ病のため退社。5年間の闘病生活の後、第2の人生を賭けTOEIC受験を決意。2ヵ月の準備期間で、初回受験905点をマーク。
2007年度の新TOEICでは、5週間という限られた準備で875点を取得。
現在は、メールマガジンやオンライン講座を中心に、教授活動を行う。
著書に『CD BOOK はじめて受けて905点　TOEIC Test ボクの短期集中勉強法』（ベレ出版）。

CDの内容　◎時間…47分29秒
　　　　　　　◎ナレーション…Chris Koprowski／Helen Morrison／Jack Merluzzi

CD BOOK 英語を聞ける耳を作ろう

2009年2月25日	初版発行
著者	藤沼千晴（ふじぬま　ちはる）
カバーデザイン	OAK 小野光一
本文イラスト	ツダタバサ

© Chiharu Fujinuma 2009, Printed in Japan

発行者	内田眞吾
発行・発売	ベレ出版 〒162-0832 東京都新宿区岩戸町12レベッカビル TEL 03-5225-4790 FAX 03-5225-4795 ホームページ http://www.beret.co.jp/ 振替 00180-7-104058
印刷	三松堂印刷株式会社
製本	根本製本株式会社

落丁本・乱丁本は小社編集部あてにお送りください。送料小社負担にてお取り替えします。

ISBN978-4-86064-218-1 C2082　　　　　　　　　編集担当　綿引ゆか